Schöningh

Kunstbuch 3

Ein Arbeitsbuch für die Jahrgangsstufen 9 und 10

Herausgegeben von:

Martin Binder

Erarbeitet von:

Achim Algner
Martin Binder
Britta Paßmann
Henning Prox

www.schoeningh-schulbuch.de
Schöningh Verlag, Jühenplatz 1–3, 33098 Paderborn

Druck 5 4 3 2 1 / Jahr 2015 14 13 12 11
Die letzte Zahl bezeichnet das Jahr dieses Druckes.

Umschlaggestaltung: Franz-Josef Domke, Hannover
Fotos: © Loehr/mediacolors (links), © picture-alliance/dpa (rechts)
Illustrationen: Matthias Berghahn, Bielefeld
Druck und Bindung: westermann druck GmbH, Braunschweig

ISBN 978-3-14-018117-4

Liebe Schülerinnen und Schüler

„in den Musennestern
"wohnt die süße Krankheit gestern"

Das Zitat des Schriftstellers Uwe Tellkamp kann als Auftrag an uns Kunstinteressierte verstanden werden.
Die „Musennester" - das sind Museen, prächtig restaurierte Schlösser, aber auch Bücher, in denen Kunst bewundert wird.
Es ist wichtig, sich mit Kunst aus vergangenen Zeiten zu beschäftigen. Wenn wir aber nur bewundern, uns nicht auseinandersetzen, dann geht das Heute verloren - „süße Krankheit gestern".
Taucht also ein weiteres Mal in die Welt der Kunst ein und macht sie zu eurer eigenen.

Martin Binder Joachim Ap...

Henning Ross [illegible]

Inhaltsverzeichnis

Nichts bleibt, wie es ist

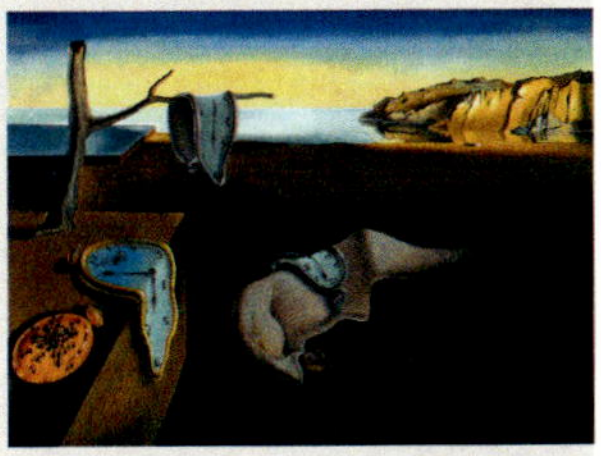

Landschaften

Kunst = Auseinandersetzung

Das KUNSTBUCH verschafft Durchblick!

Wenn ihr den Stift seht, seid ihr als Künstlerinnen und Künstler gefragt. Hier müsst ihr viele eigene Ideen einbringen, planen, ausprobieren, ausführen und bewerten.

Betrachten und besprechen

Kunst lädt zum Mitdenken ein. Zum Mitdenken über eigene Kunstwerke genauso wie über die von anderen Künstlern. Ihr habt schon einiges an Wissen und Erfahrung erworben – beides könnt ihr hier einbringen.

Ihr habt natürlich oft genauso gute Ideen wie wir. Wenn ihr diesen Stempel seht, müsst ihr eigene Aufgaben finden. Das ist manchmal schwieriger, als eine Aufgabe auszuführen. Dafür entsteht etwas, das ganz von euch selbst kommt.

Kunst

Diese Hinterlegung weist darauf hin, dass ihr im Kapitel „Nachgeschlagen" wichtige Informationen findet. Wenn es sich um Begriffe zu Stilrichtungen, Kunstepochen oder künstlerischen Grundfragen handelt, solltet ihr zusätzlich im Kapitel „Eingeordnet" nachschauen.

Präsentieren und ausstellen

Kunstwerke kommen besser zur Geltung, wenn sie gekonnt ausgestellt werden. Hier gibt es Tipps dazu, wie ihr ein Konzept für eine Ausstellung entwickeln könnt, das eure Gedanken bei der künstlerischen Arbeit erkennbar macht.

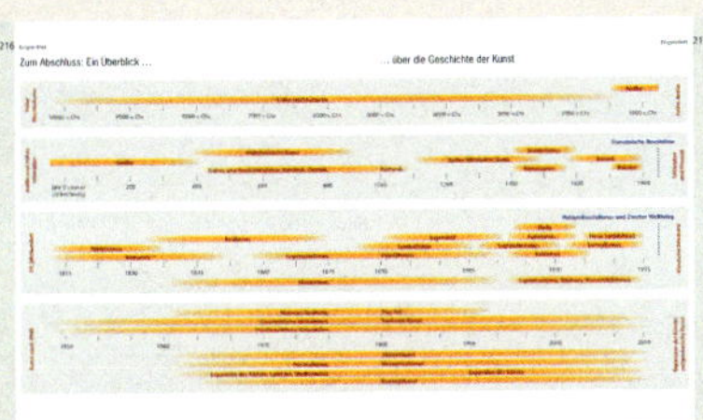

Hinten im Buch findet ihr den bekannten Zeitstrahl, allerdings stark erweitert. Ihr könnt nachverfolgen, wie unterschiedlich wichtige Grundfragen der Kunst im Verlauf der Jahrhunderte beantwortet wurden. Und ihr entdeckt, welche Fragen immer wieder auftauchen.

Kunstspiegel –
Spiegelkunst

* Spiegelbild
* „Hier stimmt doch etwas nicht!“
* Zerrung, Streckung, Verkürzung
* Spiegelspiele

Selbst(be)spiegelung

* Ich mache mir ein Bild von mir
* Kunst-Biografie
* Biografie-Kunst
* Spurensuche
* Selbstbild
* Projekt
* Betrachterbiografie

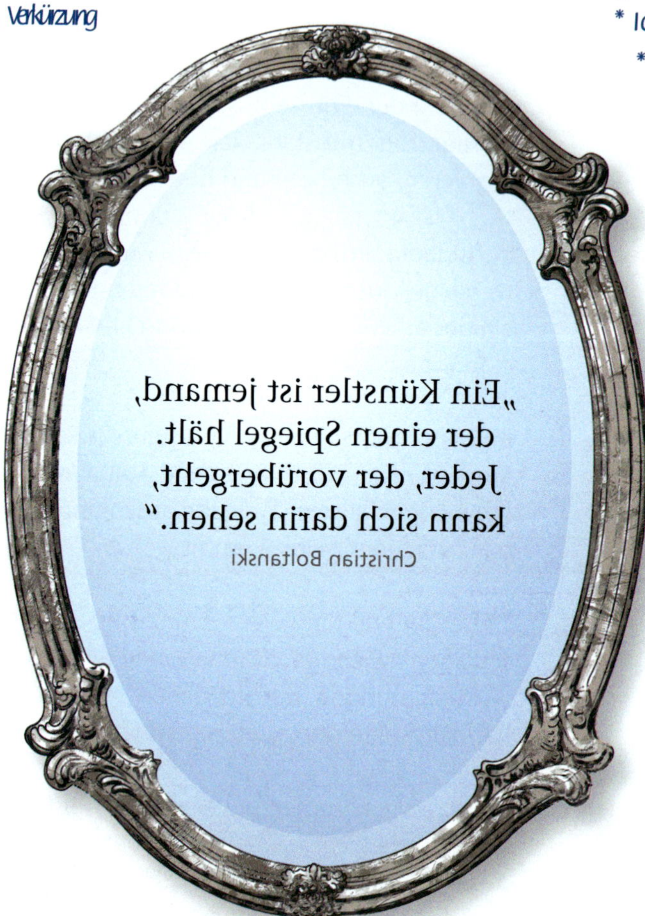

Spiegelbilder der Gesellschaft

* Freiheitsgedanken
* Politische Kunst … lebt weiter
* Spiegelverkehrt
* Arbeit im Spiegel der Kunst
* Politik M/macht Kunst
* Bieder?Meier

Spieglein, Spieglein

Caravaggio:
Narziss, 1598–99
(112 x 92 cm)

Kunst-Spiegel

Spiegelbild

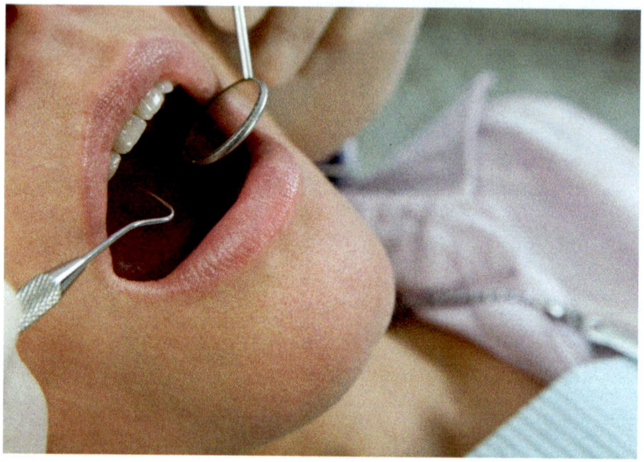

Schon das einfache Spiegelbild führt zu Verwirrungen, wenn es um die weit verbreitete Annahme geht, dass Spiegelbilder links und rechts vertauschen. Oder ist es doch oben und unten?

Der Spiegel – er begegnet uns in vielen verschiedenen Situationen im Alltag. Mal unterstützt er unsere Wahrnehmung, wie z. B. im Straßenverkehr, mal täuscht er sie, wie im Spiegelkabinett.

- Gehe auf die Suche nach Spiegelungen in deiner Umwelt und halte sie fotografisch fest.
- Suche dir verschiedene Gegenstände mit einer spiegelnden Oberfläche (z. B. Vase, Suppenkelle, Christbaumkugel) und beobachte, wie sich darin dein Spiegelbild verändert.
- Fertige fotografisch ein Gruselkabinett aus den sich in Spiegelungen ergebenden Verzerrungen deines Gesichts an.

„Spieglein, Spieglein an der Wand,
wer ist die Schönste im ganzen
Land?"

Auch in unserer Sprache gibt es Spiegelphänomene, nämlich Wörter, die man vorwärts und rückwärts lesen kann. Einfache Beispiele sind etwa die Namen Anna und Otto. Doch es geht auch etwas komplizierter:

„Na Fakir, Paprika-Fan?"

Gehe selbst auf die Suche nach solchen Spiegelphänomenen. Und … nicht so schnell aufgeben!

Das Spiegelbild ◆ Hugo Salus

Bedeutsam floss ein flimmernd klares, mildes
Mondlicht ins Zimmer, kühl und dennoch zart,
Da ward der Anblick meines Spiegelbildes
Mir ein Erlebnis von besondrer Art:

Eintretend sah ich mich, seltsam gemildert,
Im Spiegelglas, und Staunen fasste mich.
Ich fühlte plötzlich: Hier bin ich geschildert
Und doch nicht ich, ein wesenloses Ich.

Als säh ich, wie ein Kind, zum ersten Male
Mein Spiegelbild, so staunte ich mir zu:
Bin ich verklärt von einem Jenseitsstrahle?
Ist jener Schemen dort mein andres Du?

Bin ich mein Spiegelbild und du sollst gelten?
Warum schaut dort mein Bild so seltsam fremd?
Wo ist die Grenze dieser beiden Welten?
Du schwebst so frei, und ich bin so gehemmt!

Schieb' ich vom Tor der Rätsel jetzt den Riegel?
Was schau ich mich just heut so anders, sag'!
Bin ich ein andrer oder du, mein Spiegel?
Beginnt vielleicht mein erster Greisentag?

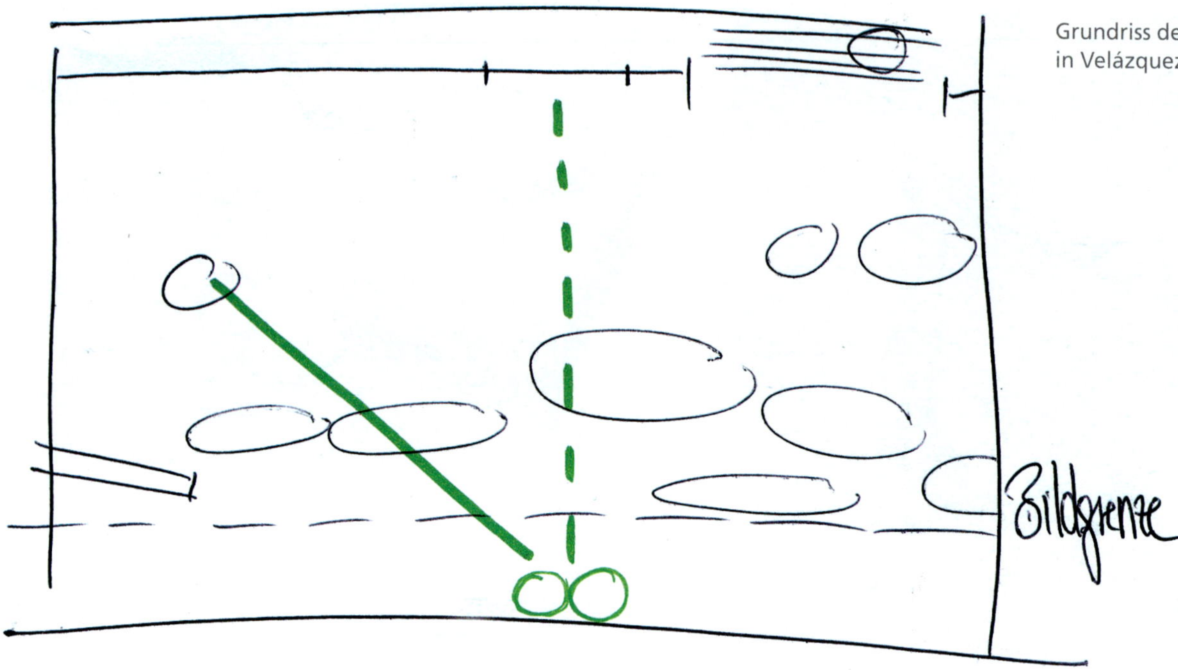

Grundriss der Bildsituation in Velázquez' Hoffräulein

In Spiegelkabinetten führen einen die Spiegel meist auf den falschen Weg. Im Bild von Diego Velázquez steckt ein Geheimnis, das ohne den Spiegel nicht geklärt werden könnte.

[redacted]

- Stellt die Bildsituation in einem Standbild nach.
- Diskutiert in der Klasse darüber, wer porträtiert wird, wessen Spiegelbild zu sehen ist.
- Übernehmt die Idee von Velázquez und inszeniert selbst irritierende Bildsituationen mithilfe von einem Handspiegel und einem Fotoapparat.

Hilfe zu diesem Rätsel findest du auch im Internet, z. B. wenn du den Suchbegriff *Velázquez Code* eingibst.

Diego de Silva Velázquez: Die Hoffräulein, um 1656 (318 x 276 cm)

„Hier stimmt doch etwas nicht!“

Das Spiel mit der Wahrnehmung ist ein besonderer Reiz von Spiegelbildern. In Räumen wird Tiefe und Weitläufigkeit durch das geschickte Anbringen von Spiegeln vorgetäuscht. In Spiegelkabinetten geht die Täuschung so weit, dass es für den Besucher zur Herausforderung wird, die Orientierung zu behalten, da er seiner Wahrnehmung nicht mehr trauen kann.

Edouard Manet: Die Bar in den „Folies-Bergère“, 1881/82 (96 x 130 cm)

Richard Estes: Cafeteria, 1972, Öl auf Leinwand (100 x 120 cm)

Betrachten und besprechen

- Verwirrend, oder? Was ist real, was Spiegelung?
- Kann man bei diesen Bildbeispielen die Raumsituation mithilfe eines Grundrisses klären? Finde es heraus.
- Die junge Frau scheint in sich versunken dem Betrachter gegenüberzustehen. Versetze dich in ihre Lage und überlege, welche Rolle für sie die Vermischung von Realität und Spiegelung spielt.

Zerrung, Streckung, Verkürzung …

… dies sind Eigenschaften, die Spiegelbilder in Konvexspiegeln ausmachen. Zudem sind Zerrungen, Streckungen und Verkürzungen auch die Merkmale einer Kunstepoche: des Manierismus. Somit ist es nicht verwunderlich, dass sich die Manieristen den Spiegel als Bildsujet zu eigen machten.

Il Parmigianino (1503–1540)
Im Alter von ungefähr 20 Jahren fertigte Il Parmigianino dieses Gemälde an, das mehr Spiegelbild als Selbstbildnis ist. Er bildete sich genau so ab, wie er sich in dem ihm vorliegenden Konvexspiegel wahrnahm. Um dieser Wahrnehmung in der Abbildung gerecht zu werden, malte er nicht auf einen gewöhnlichen Bildträger. Er ließ sich, entsprechend seines Konvexspiegels, einen runden, nach außen gewölbten Malgrund aus Pappelholz anfertigen. Die runde Bildform, das Tondo, war zu dieser Zeit eigentlich Madonnendarstellungen vorbehalten.

Mache dir wie die Manieristen die Effekte des Konvexspiegels zunutze. Du kannst folgende Tricks einsetzen:

- Ahme die Verzerrungen, die durch einen Konvexspiegel entstehen, mithilfe des Rasterverfahrens nach.
- Verzerre ein Foto von dir mithilfe eines Bildbearbeitungsprogramms.

Manierismus

Il Parmigianino: Selbstbildnis im Konvexspiegel, 1523/24 (Durchmesser 24,4 cm)

- Beschreibe, welchen Einfluss der Konvexspiegel auf die Darstellung des Porträtierten, seine Umgebung, die Bildkanten und somit auf die Wirkung des Selbstbildnisses hat.
- Versuche einmal, das Selbstbildnis Parmigianinos zu entzerren, indem du das Bild so zeichnest, als hätte der Künstler einen Flachspiegel verwendet. Wie verändert sich der Bildausdruck?

Spiegelspiele

Kann eine Gestalt in zwei gleiche Hälften geteilt werden, ist sie spiegelsymmetrisch. Stellst du einen Spiegel auf die Symmetrieachse, so entspricht das Spiegelbild dem Teil, der nun hinter dem Spiegel liegt.

Der Physiker Prof. Dr. Mario Markus rechnet mathematische Formeln und Gleichungen in Bilder um.

- Die Symmetrie ist keine Erfindung des Menschen. Sie findet sich in der Natur wieder und wurde vom Menschen aufgegriffen, z. B. im Bereich der Architektur. Gehe auf die Suche nach Symmetrien in deiner Umgebung und halte sie mit einer Kamera fest.
- Kunst oder Mathematik? Was macht Prof. Dr. Mario Markus deiner Meinung nach? Vielleicht könnt ihr im Mathematik- oder Physikunterricht noch mehr über dieses Thema erfahren.

Dreimal das gleiche Gesicht? Schau genau hin!

- Ist unser Gesicht eigentlich nicht auch symmetrisch? Mithilfe einer einfachen Methode kannst du herausfinden, inwiefern das zutrifft. Bearbeite dazu ein Passfoto von dir mithilfe eines Bildbearbeitungsprogramms so, dass du eine Gesichtshälfte duplizierst, spiegelst und wieder an die ursprüngliche Gesichtshälfte anfügst.
- Interessant wird dieses Spiel auch, wenn du Grimassen schneidest und diese Fotos nach der beschriebenen Methode bearbeitest.

Victor Vasarely
(1906–1997), konstruierte viele seiner Bilder nach streng geometrischen Regeln. Eine ganz besondere Rolle spielte dabei die Symmetrie.

- Untersuche das Bild auf seine Symmetrie hin.
- Konstruiere ebenfalls ein Bild nach geometrischen Regeln. Überlege zunächst, wo deine Symmetrieachse verlaufen soll. Als Hilfe kannst du einen Spiegel verwenden.

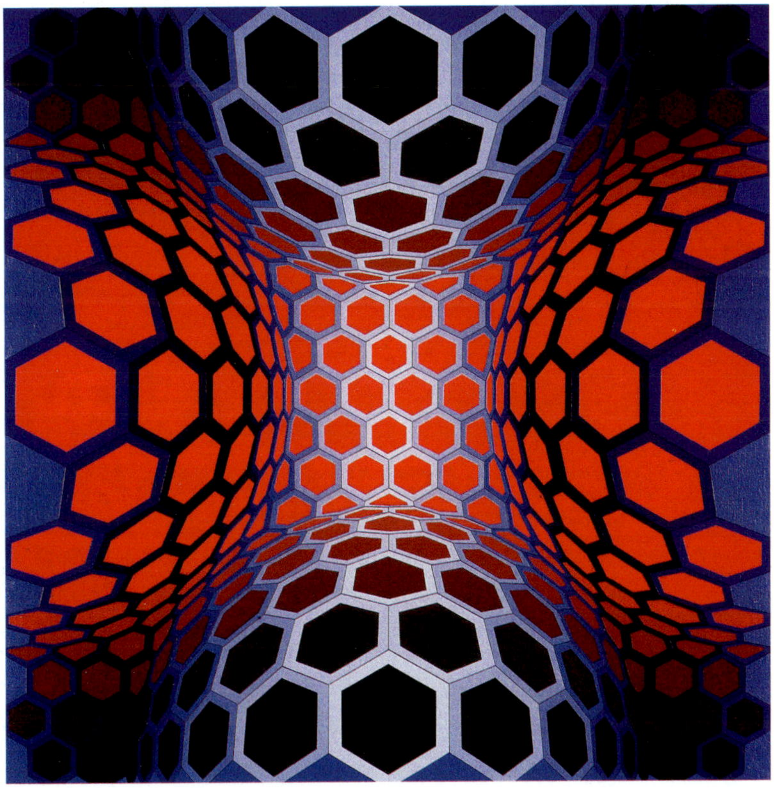

Victor Vasarely: Lepke-Mi 1972–74 (65 x 62 cm)

Selbstbespiegelung

Ich mache mir ein Bild von mir

Für Anna Oppermann (1940–1993) stellt das Sich-ein-Bild-von-etwas-Machen einen wesentlichen Teil ihrer künstlerischen Arbeit dar. Ausgangspunkt für Oppermanns Arbeiten sind kleine thematische Stillleben. Aus diesen erwachsen Raumarrangements, zusammengesetzt aus verschiedenen Materialien. Oppermann schafft keine dem traditionellen Kunstverständnis entsprechenden Idealwerke. Ihre Arbeiten sind nie abgeschlossen, sondern immer Teil eines Arbeitsprozesses.

- Versuche nachzuvollziehen, wie und woraus Oppermann ihre Werke arrangiert.
- Überlege, inwiefern in Oppermanns Arrangements auch ein Stück ihrer eigenen Biografie steckt.

Anna Oppermann: Künstler sein (Zeichnen nach der Natur, zum Beispiel Lindenblütenblätter), 1969–1985, Detail

Anna Oppermann: Künstler sein (Zeichnen nach der Natur, zum Beispiel Lindenblütenblätter), 1969–1985

Sie kommen dir sicherlich bekannt vor. Dinge, die dir zu viel bedeuten, um sie endlich mal wegzuwerfen, die aber zu hässlich oder peinlich sind, um sie ins Regal zu stellen oder sie zu benutzen.

- Auch scheinbar unbedeutende Dinge, gesammelt in einer alten Kiste, können sehr viel über einen Menschen aussagen. Nimm die oben abgebildeten Gegenstände zum Ausgangspunkt für eine fiktive Biografie. Überlege, wem die Dinge gehören, was sie bedeuten, um was für eine Person es sich handelt. Du kannst deine Person malen, beschreiben, fiktive Briefe schreiben … Vergleicht die Biografien in der Klasse. Was fällt euch auf?

Nikolaus Lang: Für die Geschwister Götte, 1974

Nikolaus Lang (* 1941) setzt sich in seiner Arbeit „Für die Geschwister Götte" 1973/74 mit dem Leben der vier Geschwister Götte auseinander. Bereits als Jugendlicher lernt Lang die Geschwister kennen, die sich auf den umliegenden Wiesen des elterlichen Einödhofes kleine Hütten errichteten und dort, abseits der Zivilisation, als Einsiedler lebten. Nach dem Tod der Geschwister begibt sich Lang auf Spurensuche und sammelt auf ihren Grundstücken Zeugnisse der Geschwister Götte. Diese Fundstücke, wie Fotos, Briefe, Haushaltsgegenstände, katalogisierte Lang und verwahrte sie schützend in einer alten Kornkiste. In der Ausstellung präsentiert Lang die geordneten Inhalte der Kornkiste auf dem Boden.

Präsentieren und ausstellen

- Überlegt euch ein Ausstellungskonzept für eure fiktiven biografischen Arbeiten und setzt dieses um.

Kunst-Biografie

Ikone: Christus der Erbarmer, erste Hälfte 12. Jh. (74,5 x 52,5 cm), Mosaik

Albrecht Dürer: Selbstbildnis im Pelzrock, 1500 (67 x 49 cm)

Seit der Renaissance und der Veränderung der Rolle des Künstlers und seiner Selbstwahrnehmung machen sich Künstler ein Bild von sich selbst. Doch wie sehr „selbst“ ist überhaupt ein Selbstbildnis?

Albrecht Dürer war einer der ersten Künstler, der sich selbst zum Bildmotiv gemacht hat. Durch Dürers Lebenswerk zieht sich die Darstellung des Selbst wie ein roter Faden.

Albrecht Dürer: Selbstbildnis mit Binde, 1491–92 (20,4 x 20,8 cm)

- Nimm die jeweiligen Posen der Dürer-Porträts ein. Wie fühlst du dich?
- Suche nach Gemeinsamkeiten und Unterschieden zwischen dem „Selbstbildnis im Pelzrock" und der Christus-Ikone.
- Vergleiche Dürers Porträts nach Wirkung und Anliegen. Berücksichtige dabei auch die Technik.
- Woher nahm Dürer bei seinem „Selbstbildnis im Pelzrock" das Selbstvertrauen, sich so darzustellen? Recherchiere dazu die sich verändernde Künstlerrolle vom Mittelalter zur Renaissance.

Biografie-Kunst

Louise Bourgeois (1911–2010)

„Ich heiße Louise Josephine Bourgeois. Ich wurde am 25. Dezember 1911 in Paris geboren. Der schöpferische Impuls für alle meine Arbeiten der letzten fünfzig Jahre, für alle meine Themen ist in meiner Kindheit zu suchen. Meine Kindheit hat nie ihre magische Kraft, nie ihr geheimnisvolles Dunkel, nie ihre Dramatik verloren."

Die Kindheit von Louise Bourgeois wurde geprägt vom Ersten Weltkrieg, von der künstlerischen Tätigkeit ihrer Familie (Kunsthandel, Tapisserie) und von der Affäre ihres Vaters mit dem Kindermädchen Sadie, das, von der Mutter geduldet, mit der Familie in einem Haus lebte.

„Das ist eine Metapher: Sie war zierlich und zerbrechlich, wie eine Spinne. Sie hat mich beschützt. Die Spinne ist so wie meine Mutter, eine Weberin."

„Die Arbeit muss für sich selbst stehen – ohne Erklärung. Verlässt sie das Atelier, entfaltet sie so oder so ein Eigenleben, und die Absicht des Künstlers zählt nun nicht mehr – die Botschaft wird vielleicht nicht verstanden oder wird vergessen. Der Künstler mag schon lange tot sein, doch sein Werk steht für sich."

Betrachten und besprechen

- Sieh dir das Werk „Spider" an und halte fest, wie diese Arbeit auf dich wirkt.
- Steht die Spinnen-Metapher nicht im Gegensatz zum allgemeinen Bild von Spinnen? Schaue dir das Werk noch einmal an und berücksichtige dabei Bourgeois' Bild der beschützenden Spinne. Wie verändert sich die Wirkung?
- Bourgeois zieht ihre Ideen aus ihrer Kindheit. Welche Vor- und Nachteile hat die Art und Weise, wie sie ihre Biografie in die Kunst einfließen lässt?

Louise Bourgeois: Spider, 1997 (224 x 666 x 518 cm) Installation aus Stahl, Teppich, Holz, Glas, Stoff, Gummi, Silber, Gold und Knochen

„Die Maler aus dem 18. Jahrhundert schufen ‚Konversationsstücke'; meine Skulpturen könnte man ‚Konfrontationsstücke' nennen."

- Was sagt mehr über Louise Bourgeois aus: das Porträtfoto oder die Installation „Spider"?
- Bourgeois zeigt viel mehr von sich als Dürer, trotz seiner fast fotografischen Genauigkeit. Inwiefern?

Spurensuche

„Ich male mich, weil ich sehr viel Zeit alleine verbringe und weil ich das Motiv bin, das ich am besten kenne."

Frida Kahlo (1907–1954)
Am 17. September 1925 besteigt Frida Kahlo gemeinsam mit ihrem Jugendfreund den Bus, der sie von der Schule nach Hause bringen soll. Es kommt zu einem Verkehrsunfall. Der Bus stößt mit einer Straßenbahn zusammen, viele Menschen sterben schon am Unfallort, Frida wird schwer verletzt. Die Ärzte bangen um ihr Leben und selbst nachdem sie drei Monate ans Bett gefesselt ist, leidet sie weiterhin an starken Schmerzen. Ein weiterer Krankenhausaufenthalt zeigt, dass sie falsch behandelt worden ist. Zur Heilung muss sie von da an für neun Monate verschiedene Gipskorsetts tragen. Ihre Bewegungsfreiheit ist stark eingeschränkt und um eine Ablenkung von den Schmerzen zu finden, beginnt sie zu malen.

Frida Kahlo: Die gebrochene Säule, 1944 (40 x 30,7 cm)

„Ich habe Ihr erstes Bild fast fertig; natürlich ist es nichts weiter als das Resultat der verdammten Operation: Da sitze ich hier – am Rande eines Abgrundes – mit dem Lederkorsett in der Hand. Dahinter liege ich auf einem Krankenhauswagen – das Gesicht zur Landschaft hingewandt –, ein Stück Rücken unbedeckt, wo man die Narbe von den Schnitten sieht, die mir diese Hurensöhne von Chirurgen verpasst haben."

Aus einem Brief an ihren Mäzen, Eduardo Morillo Safa vom 11. Oktober 1946

Ernst Ludwig Kirchner: Selbstbildnis als Soldat, 1915 (69,2 x 61 cm)

„Formen und Farben sind nicht an sich schön, sondern die, welche durch seelisches Wollen hervorgebracht sind. Es ist etwas Geheimes, was hinter den Menschen und Dingen und hinter den Farben und Rahmen liegt, und das verbindet alles wieder mit dem Leben und der sinnfälligen Erscheinung, das ist das Schöne, das ich suche."

„Meine Bilder sind Gleichnisse, nicht Abbildungen."

Ernst Ludwig Kirchner
(1880–1938)
Ab 1901 studiert Kirchner Architektur an der Technischen Hochschule in Dresden und gründet 1905 gemeinsam mit den Architekturstudenten Erich Heckel und Karl Schmidt-Rottluff die Künstlervereinigung „Die Brücke". 1915/16 meldet er sich freiwillig zum Kriegsdienst und wird als Fahrer eingesetzt. Nach einem körperlichen und seelischen Zusammenbruch wird er entlassen und in einem Sanatorium behandelt. Er zieht in die Schweiz, wo er alte Bilder übermalt und die Datumsangaben verändert. Während Kirchner Mitte der 30er-Jahre in den USA und der Schweiz erfolgreiche Einzelausstellungen hat, wird seine Kunst von den Nationalsozialisten als „entartet" diffamiert. 1938 begeht Kirchner Selbstmord.

Selbstbild

Spiegelungen hatten schon immer etwas Magisches. Somit wundert es nicht, dass bereits in der griechischen Mythologie das Spiegelbild thematisiert wurde.

Narziss war ein junger, begehrter Mann. Keine seiner Verehrerinnen scheint ihm jedoch seiner Zuneigung würdig zu sein, auch nicht die Nymphe Echo. Dies erzürnt die Liebesgöttin Aphrodite, die ihn daraufhin mit unendlicher Selbstverliebtheit bestraft. Narziss verliebt sich beim Trinken aus einer Quelle in sein eigenes Spiegelbild. Doch im Gegensatz zu seinen Verehrerinnen kann ihm die Spiegelung auf der Wasseroberfläche keine Liebe entgegenbringen. Erlösung findet Narziss dadurch, dass er in eine Blume, die Narzisse, verwandelt wird.

Salvador Dalí: Metamorphose des Narziss, 1937 (50,8 x 76,2 cm)

Caravaggio: Narziss, 1598–99 (112 x 92 cm)

- Caravaggio zeigt die Spiegelung des Narziss auf der Wasseroberfläche. Finde heraus, welche Besonderheit dieses Spiegelbild hat, und gehe auf die Suche nach Dalís Narziss und seinem Spiegelbild. Was fällt dir auf?
- Schaue dir die Landschaft, in der Dalís Narziss sitzt, genau an. Beschreibe die Details und ihre Wirkung.
- Gehe im Internet auf die Suche nach weiteren Narziss-Darstellungen. Warum wird dieses Thema immer wieder aufgegriffen?
- Du kennst nun Narziss-Darstellungen aus verschiedenen Jahrhunderten. Wie würde der Narziss unserer Zeit aussehen?

Projekt

ALLES IST MÖGLICH

Auf den vorangegangenen Seiten hast du unterschiedliche Künstlerinnen und Künstler kennengelernt.
Sie alle beschäftigen sich in ihren Arbeiten mehr oder weniger offensichtlich mit dem Selbst – mal mit dem eigenen, mal mit einem anderen oder ganz speziell mit der Selbstverliebtheit.

Nun bist du an der Reihe. Folgende Aspekte helfen dir dabei, deinen eigenen Weg zu einer künstlerischen Auseinandersetzung mit dem Selbst zu finden.

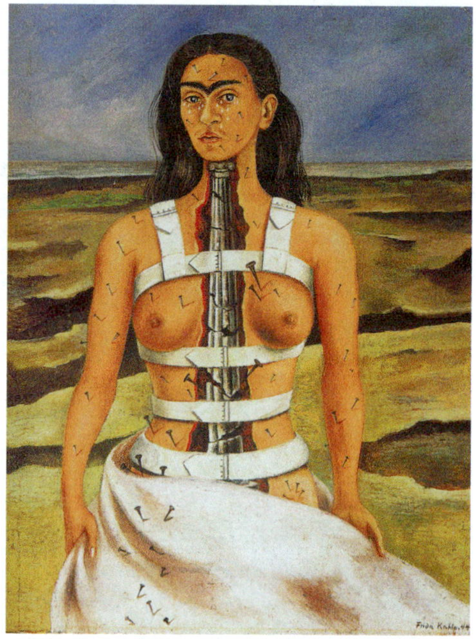

Kleider machen Leute.

Eigentlich bin ich ja …

Mehr als mein Äußeres muss niemand kennen.

- Setze dich selbst künstlerisch mit einem erfundenen oder deinem eigenen Selbst auseinander, egal ob in Form eines Gemäldes, einer Installation, was auch immer dir einfällt. Du wirst sicherlich einiges über dich erfahren. Und wenn du willst, auch andere, aber das liegt ganz allein in deiner Hand.

Was ich euch schon immer über mich sagen wollte …

Ein fremdes Leben kreieren und sich dabei vielleicht selbst entdecken oder neu finden?

Ich habe ein Geheimnis, schau her und … erkenne es nicht.

Betrachterbiografie

Hans Dieter Junker: ohne Titel, 1983

Karikatur von Tetsche, 1997

- Die eigene Biografie ist nicht nur für den Kunstschaffenden, sondern auch für den Kunstbetrachtenden von Bedeutung. Überlege, inwiefern die eigene Biografie in die Betrachtung und den Umgang mit Kunst einfließt.

Francisco de Goya: Die nackte Maya, 1800 (97 x 190 cm)

Hans-Peter Feldmann: David, 2006 (9 m)

Skandal? Warum eigentlich? „Die nackte Maya" von Goya hängt heute ganz selbstverständlich im Museum und niemand empört sich darüber. Goya hat jedoch aufgrund der Anfertigung dieses Gemäldes seine Stellung als königlicher Hofmaler verloren. Warum?
Goyas nackte Maya mag dich vielleicht nicht empören, aber mit Sicherheit gibt es auch für dich Skandalkunst.

Hans-Peter Feldmann kolorierte unter anderem eine Kopie der antiken David-Skulptur, die seither an öffentlichen Plätzen verschiedener Städte, wie z. B. Köln und Duisburg, gezeigt wurde und immer wieder Zündstoff für Diskussionen bot. Manche Reaktion: „Weg mit dem Schweinkram!"

Feldmann zu seinen Arbeiten:
„Mein Ansatz ist es, […] ihnen eine gewisse Alltäglichkeit zu geben."

- Fertige deine individuelle Definition von Kunst an, in der dein Anspruch an Kunst deutlich wird, und überlege, wie du zu dieser Erwartungshaltung gekommen bist.
- Suche nach Werken, die für dich „Skandalkunst" sind. Vergleiche und diskutiere deine Auswahl mit der deiner Klassenkameraden.

Spiegelbilder der Gesellschaft

Freiheitsgedanken der Romantik

Eugéne Delacroix: Die Freiheit führt das Volk, 1830 (260 x 325 cm)

Marseillaise

Auf, Kinder des Vaterlands!
Der Tag des Ruhms ist da.
Gegen uns wurde der Tyrannei
Blutiges Banner erhoben.
Blutiges Banner erhoben.
Hört ihr im Land
Das Brüllen der grausamen Krieger?
Sie rücken uns auf den Leib,
Eure Söhne, eure Frauen zu köpfen!

Refrain
Zu den Waffen, Bürger!
Schließt die Reihen,
Vorwärts, marschieren wir!
Das unreine Blut
Tränke unserer Äcker Furchen!

Was will diese Horde von Sklaven,
Von Verrätern, von verschwörerischen Königen?
Für wen diese gemeinen Fesseln,
Diese seit Langem vorbereiteten Eisen?
Diese seit Langem vorbereiteten Eisen?
Franzosen, für uns, ach! welche Schmach,
Welchen Zorn muss dies hervorrufen!
Man wagt es, daran zu denken,
Uns in die alte Knechtschaft zu führen!

Refrain

(Deutsche Übersetzung der ersten und zweiten Strophe sowie des Refrains der Marseillaise, der französischen Nationalhymne)

Caspar David Friedrich: Der Wanderer über dem Nebelmeer, 1818 (98,4 x 74,8 cm)

Sehnsucht ◆ Joseph von Eichendorff

Es schienen so golden die Sterne,
Am Fenster ich einsam stand
Und hörte aus weiter Ferne
Ein Posthorn im stillen Land.
Das Herz mir im Leib entbrennte,
Da hab ich mir heimlich gedacht:
Ach, wer da mitreisen könnte
In der prächtigen Sommernacht!

Zwei junge Gesellen gingen
Vorüber am Bergeshang,
Ich hörte im Wandern sie singen
Die stille Gegend entlang:
Von schwindelnden Felsenschlüften,
Wo die Wälder rauschen so sacht,
Von Quellen, die von den Klüften
Sich stürzen in die Waldesnacht.

Sie sangen von Marmorbildern,
Von Gärten, die überm Gestein
In dämmernden Lauben verwildern,
Palästen im Mondenschein,
Wo die Mädchen am Fenster lauschen,
Wann der Lauten Klang erwacht
Und die Brunnen verschlafen rauschen
In der prächtigen Sommernacht.

1834

- Beschreibe, welche Stimmung in den Bildern und Texten aus der Romantik vermittelt wird.
- Arbeite die jeweilige Vorstellung von Freiheit heraus. Informiere dich dazu auch über die politischen und gesellschaftlichen Umstände Frankreichs und Deutschlands dieser Zeit.

Politische Kunst …

Im Mai 1968 kämpfte in Europa eine ganze Generation für einen gesellschaftlichen Umbruch. In Frankreich bestimmten nach Studentenaufständen Generalstreiks von mehr als 10 Millionen Angestellten und Arbeitern das Leben. Unterstützt wurde dieser Kampf von Künstlern, welche die Pariser Hochschule für Bildende Künste besetzten und zum „Atelier populaire" (Volksatelier) umwandelten. In einer Siebdruckwerkstatt fertigten sie Plakate an, welche die Ausdruckskraft der politischen Forderungen in die Straßen brachten.

… lebt weiter

Die Kraft der Bilder dieser Zeit ist bis heute geblieben, was sich an ihrer Beliebtheit als Motive für Taschen, T-Shirts, Buttons usw. zeigt.

- Suche sowohl inhaltlich als auch gestalterisch nach Gründen für die Beliebtheit solcher Motive.
- Gestalte eine dir wichtige (politische) Aussage, die sich als Motiv für Taschen, Shirts usw. eignet. Versuche dabei deine Vorstellung von Freiheit mit einzubeziehen.

Schülerarbeit

Spiegelverkehrt

Körpersprache – wir sind uns dessen oft nicht bewusst, aber vieles von dem, was wir unserem Gegenüber mitteilen, geschieht über unseren Körper und dessen Sprache. Kreuze ich die Arme abwehrend vor mir, verstecke ich unsicher die Hände in den Hosentaschen oder mache ich angewidert einen Schritt zurück? Probiert es selbst einmal aus, was man alles mithilfe des Körpers, ganz ohne verbale Unterstützung mitteilen kann.

- Lehmbruck und Muchina setzen in ihren Skulpturen gezielt die Körpersprache ein. Stelle die Figuren nach und überlege, was die Körper mit ihrer Haltung zum Ausdruck bringen.

Freude
Gleichgültigkeit
Neugier
Wut
Abneigung
Angst
Unsicherheit

Wilhelm Lehmbruck: Der Gestürzte, 1915/16 (80,5 x 240 x 83,5 cm (Figur), 58 x 107 x 260 cm (Sockel))

Wera Ignatjewna Muchina: Arbeiter und Kolchosebäuerin, 1937 (24,5 m hoch)

- Was sagen die Skulpturen über die Gesellschaft, aus der sie entstammen, und deren Stimmung aus?
- Überprüfe deine Ideen anhand von Recherchen.
- Wie siehst du unsere Gesellschaft? Setze deine Ideen in Standbilder um und fotografiere diese.

Wilhelm Lehmbruck
(1881–1919) wurde stark vom Werk August Rodins beeindruckt, dem er mit 23 Jahren in einer Ausstellung in Düsseldorf begegnete. Nachdem er nach Paris ausgewandert war und an verschiedenen Ausstellungen teilgenommen hatte, zwangen ihn die Ereignisse des Ersten Weltkrieges zu seiner Rückkehr nach Berlin. 1915 wurde er kurzzeitig zum Sanitäreinsatz in einem Hilfslazarett in Berlin einberufen. In dieser Zeit entstand das Werk „Der Gestürzte".

Wera Ignatjewna Muchina
(1889–1953), die in Moskau geboren wurde und später nach Paris ging, wurde dort von einem Schüler Rodins unterrichtet. Kurz vor Beginn des Ersten Weltkrieges kehrte Muchina nach Russland zurück, wo sie sich für die Ideen Lenins begeisterte. Sie erhielt vor allem in den 30er- und 40er-Jahren viele öffentliche Aufträge und wurde zu einer Hauptvertreterin des Sozialistischen Realismus. Ihr bedeutendstes Werk „Arbeiter und Kolchosebäuerin" schuf sie für die Pariser Weltausstellung 1937.

Skulptur

Arbeit im Spiegel der Kunst

Arbeit und Kunst – wie passt das zusammen? Kunst ist Arbeit, das steht außer Frage, doch wird der Arbeitsprozess an sich von den wenigsten Künstlern auch in ihrem Werk thematisiert. Ausnahmen stellen Bilder wie „Die Hoffräulein“ von Velázquez dar, die den Künstler bei seiner Arbeit zeigen. Doch geht es hier wirklich um die Darstellung von Arbeit? Was sind die Gründe dafür, dass Kunst sich mit dem Thema Arbeit beschäftigt?

Ausschnitt einer ägyptischen Wandmalerei aus dem Grab des Sennedjem, 23. Jh. v. Chr.

Kunst wird immer auch von der Gesellschaft geprägt, in der sie entsteht. Ägypten als antike Hochkultur, das christlich geprägte Mittelalter, die Renaissance, die Zeit zwischen Revolutionen und Hochindustrie, die sozialistisch geprägte DDR und das Amerika der 90er-Jahre.

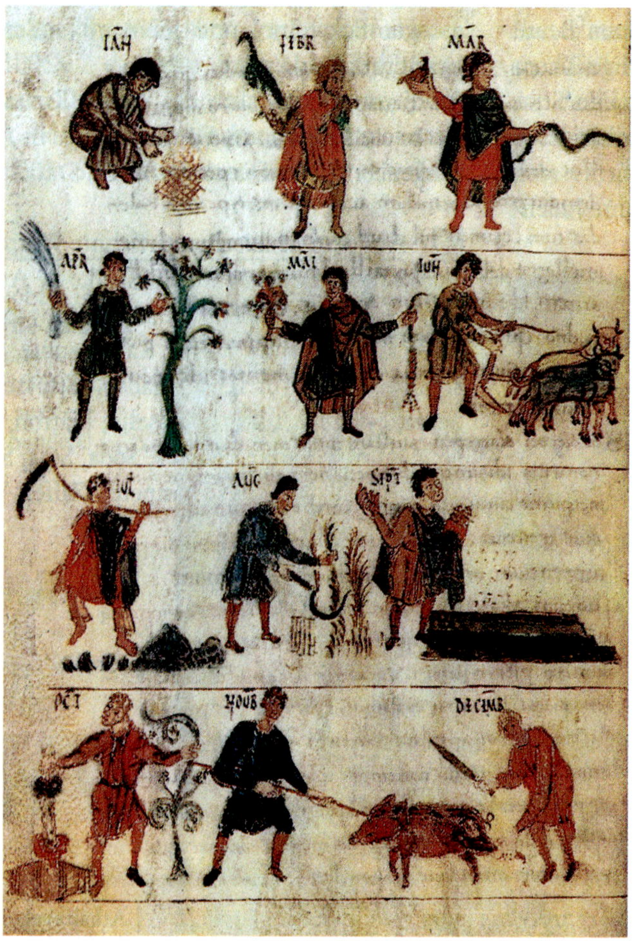

Darstellung landwirtschaftlicher Tätigkeiten in 12 Monatsbildern, um 818

Quentin Massys: Der Geldwechsler und seine Frau, 1515 (71 x 68 cm)

- Informiert euch über die gesellschaftlichen Umstände der Zeit, in der die Kunstwerke entstanden sind. Was könnt ihr anhand der Darstellung der Arbeit über die Zeit erfahren?
- Welcher Aspekt von Arbeit ist in dieser Zeit so wichtig, dass er sogar in der Kunst zum Thema wird?
- Welcher Aspekt von Arbeit ist heute wichtig? Haltet eure Gedanken in einem Brainstorming fest.
- Wie sollte Arbeit sich heute in Kunst wiederfinden? Fertige eine eigene künstlerische Arbeit zu diesem Thema an.

Jean-François Millet: Die Ährenleserinnen, 1857 (840 x 111 cm)

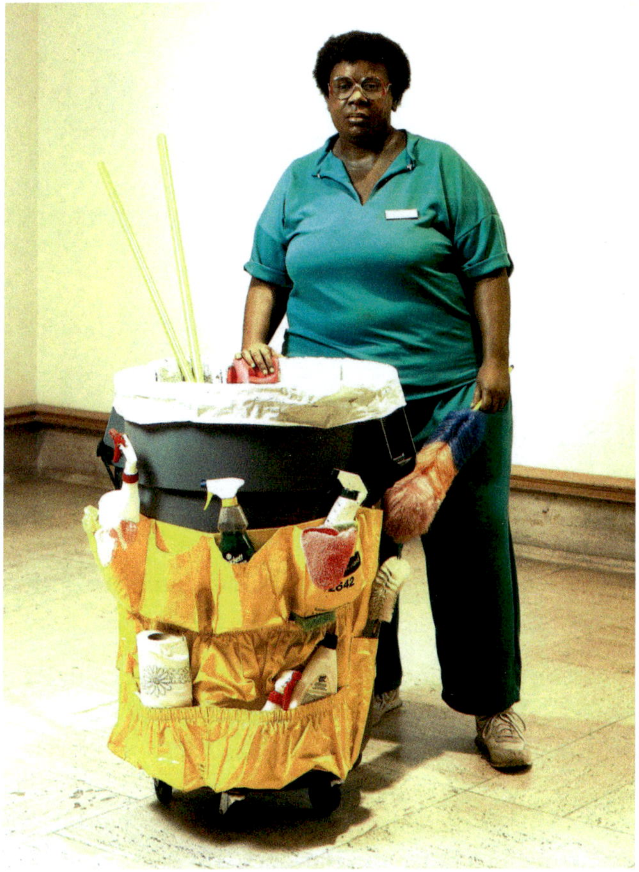

Duane Hanson: Queenie II., 1988

Bernhard Heisig: Brigadier II, 1968–70 (139,4 x 124,5 cm)

Politik M/macht Kunst

Über die Zukunft des Schlossplatzes mit seiner mehr als 500-jährigen Vergangenheit wird in Berlin seit gut zwölf Jahren diskutiert. Eine Chronologie.

Herrschaft der Hohenzollern	1442–1845:	Das Berliner Schloss als Residenz der Hohenzollern wird unter Kurfürst Friedrich II. erbaut.
Ende des Deutschen Kaiserreichs	1918:	Mit der Abdankung des Kaisers am 9. November endet die Funktion des Schlosses als Sitz des preußischen Königs und deutschen Kaisers.
		Karl Liebknecht ruft vom Balkon des Berliner Schlosses die Republik aus. Scheidemann kam ihm am Reichstag um zwei Stunden zuvor.
	1920:	Neue Nutzung für Konzerte. Die Weimarer Republik verlagert ihr politisches Zentrum nach Westen.
Machtübernahme NSDAP	1933:	Die Nationalsozialisten meiden das Schloss, nutzen den Garten jedoch für Aufmärsche.
	1945:	Brand des Schlosses nach Bombenangriffen, ohne Löschversuche.
Aufteilung in Besatzungszonen	1948:	Nach der Teilung der Stadt gewinnt die SED die Oberhand. Sie hat kein Interesse am Erhalt des Schlosses. Forderungen nach der Beseitigung mehren sich.
Gründung der DDR	1950:	DDR-Staatschef Walter Ulbricht verkündet auf dem dritten SED-Parteitag den Abriss des Schlosses.
		An der Stelle des Berliner Schlosses wird der Marx-Engels-Platz errichtet, der hauptsächlich für die großen Aufmärsche der DDR genutzt wird.
	1974–76:	Die diplomatisch anerkannte DDR beginnt den Bau des Palasts der Republik, der als „Haus des Volkes“ von Millionen Menschen zu Veranstaltungen aller Art besucht wird.

Deutsche Wiedervereinigung	1990:	Wegen Asbestverseuchung wird der Palast der Republik geschlossen.
	ab 1991:	Mit den baulichen Veränderungen des Nachwende-Berlins beginnt die Diskussion um einen Wiederaufbau des Schlosses. Es kommt zu einer Abstimmung im Deutschen Bundestag.
	2001:	Eine Expertenkommission entscheidet mit einer Stimme Mehrheit, dass sie einen Nachbau des Stadtschlosses mit seinen barocken Fassaden empfiehlt. Der Palast der Republik soll in weiten Teilen abgerissen werden.
	Januar 2006:	Im Deutschen Bundestag wird der Abriss des Palasts der Republik beschlossen, der bis Dezember 2008 andauert. Die entstandene Freifläche wird zunächst gärtnerisch gestaltet.
Internationale Finanzkrise	Juni 2010:	Die Bundesregierung beschließt im Rahmen eines Sparhaushaltes, den 552 Millionen Euro teuren Bau des Berliner Stadtschlosses auf Eis zu legen.
	2014:	Die neue Bundesregierung beschließt …

- Arbeite aus der chronologischen Übersicht die jeweilige Funktion der Architektur heraus.
- Inwiefern steht Architektur unter dem Einfluss der politischen Machthaber?
- Im Jahre 2011 steht die Zukunft des Stadtschlosses noch offen. Wie würdest du entscheiden? Recherchiere dazu im Internet.
- Ein Einzelfall? Mit Sicherheit nicht. Informiere dich über die Entwicklungsgeschichte von Gebäuden in deiner Heimat.

Bieder?Meier

„Das sieht aber bieder aus!" Nicht gerade ein Kompliment, wenn es um neue Kleidung oder die Einrichtung der eigenen Wohnung geht. Doch was heißt „bieder" eigentlich?

Die Zeit des Biedermeiers ist gerade mit Blick auf das Bildungsbürgertum der ersten Hälfte des 19. Jahrhunderts eine Zeit der Niederlage, der politischen und geistigen Unterdrückung. Geistiger Stillstand statt Revolution, so die Entscheidung Bismarcks in den Karlsbader Beschlüssen.
Die Folge: Der Rückzug des Bürgertums aus der Öffentlichkeit zurück in die eigene Stube. Sicherheit, Geborgenheit standen von nun an im Zentrum. Dies spiegelte sich bald in Malerei, Kleidung und Möbeln wider. Da die Wohnung nun Lebenszentrum wurde, mussten die Möbel zweckhafter werden. Verzierungen traten zugunsten der Funktion in den Hintergrund.

Sind diese Merkmale wirklich so negativ und veraltet? Wie bieder sind wir eigentlich?

ZU HAUSE

„Schon als ich ein Kind war, war der schönste Moment am Tag der, an dem ich nach Hause kam und von all meinen persönlichen Dingen umgeben war.
Warum? Weil das Zuhause für mich ein ganz besonderer Ort ist. Ein Ort, an dem ich zu mir selbst finde. Ein Ort, der alles widerspiegelt, was mich ausmacht. Aber auch ein Ort, an dem ich mit Familie und Freunden zusammenkomme – ob am Küchentisch oder online vor dem Computer."

Petra Hesser, Geschäftsführerin IKEA Deutschland in einem Katalog der Firma.

Ausschnitte aus einem Zeitungsartikel über alternative Wohnviertel:

So richtig grün, also im klassichen Sinne, seien sie ja gar nicht, sagt Syra Thiel. Selbst bei der Atomkraft sei sie nie ganz sicher, ob sie dafür oder dagegen sein soll, selbst heute nicht, da der GAU in Japan gezeigt hat, was diese Technologie mit der Erde anrichten kann. Das mit dem Ökologischen spiele eine Rolle, für sie sei aber am wichtigsten, dass es die Kinder gut haben. Nach der Geburt des letzten Sohnes habe sie das Viertel lange nicht verlassen.

Der grüne Horizont mag in guten Momenten bis nach Japan oder Bangladesch reichen, oft aber endet er am Sandkasten der eigenen Kinder. Das gesellschaftliche Engagement vieler Familien im Französischen Viertel beschränkt sich auf den Kauf einer Flasche K21-Bioapfelsaft im Bioladen „Rote Rübe". Auf dem Etikett der Saftflasche prangen das Stuttgart-21-Protest-Emblem und der Hinweis „21 Cent an den Widerstand".

Wer sich ein paar Tage aufhält in diesem Mekka des besseren Menschen, vergisst irgendwann all die Begriffe, die einmal grün waren. Es geht dann nicht mehr um eine gerechte Welt, sondern um ein bequemes Leben, nicht um Frieden in der eigenen Seele, allenfalls noch um den Frieden auf den Innenhöfen.

Die Grenzen zwischen neuem Design und Biedermeier sind bisweilen fließend. Der moderne grüne Alltag ist ein Triumph der Ästhetik und der Behaglichkeit, er findet vorzugsweise in hochwertigen Filzpantoffeln und mit Türgriffen in der Größe einer Espressotasse statt. Und montags ist dann Frauensauna.

Spiegel Heft 12 (2011): „Die grüne Hölle"

- Die Deutschen geben nie mehr Geld für die Gestaltung ihres Lebensraumes aus als in wirtschaftlichen Krisenzeiten. Spiegelt der Erfolg Ikeas eine Biedermeier-Stimmung?
- Arbeite aus den Zeitungsauszügen die Aktualität einer Biedermeier-Haltung heraus. Wie stehst du dazu?
- Was hältst du von der Biedermeier-Mentalität? Setze dich auf künstlerische Weise kritisch mit dieser Thematik auseinander.

Wahrnehmungsschule

* Sichtbar machen
* Überall ist Raum
* Überall ist Bewegung
* Ich sehe …

Denkmäler

* Machtdemonstrationen
* Denk-mal nach
* 80 Millionen Künstler

Sichtbar – und doch verborgen

* Bekanntes und Unbekanntes
* Sehen heißt erkennen
* Mit der Wahrnehmung spielen

Machen Sie mehr aus Ihrem Typ!

* Farbwirkungen
* Schaut her!
* Reklame
* Werbebotschaften aussenden und entschlüsseln

Wahr-Nehmung

* Ansichtssache
* Viele Sichtweisen
* Täuschungsversuche
* Ein neuer Realismus

Ich sehe was, was du nicht siehst

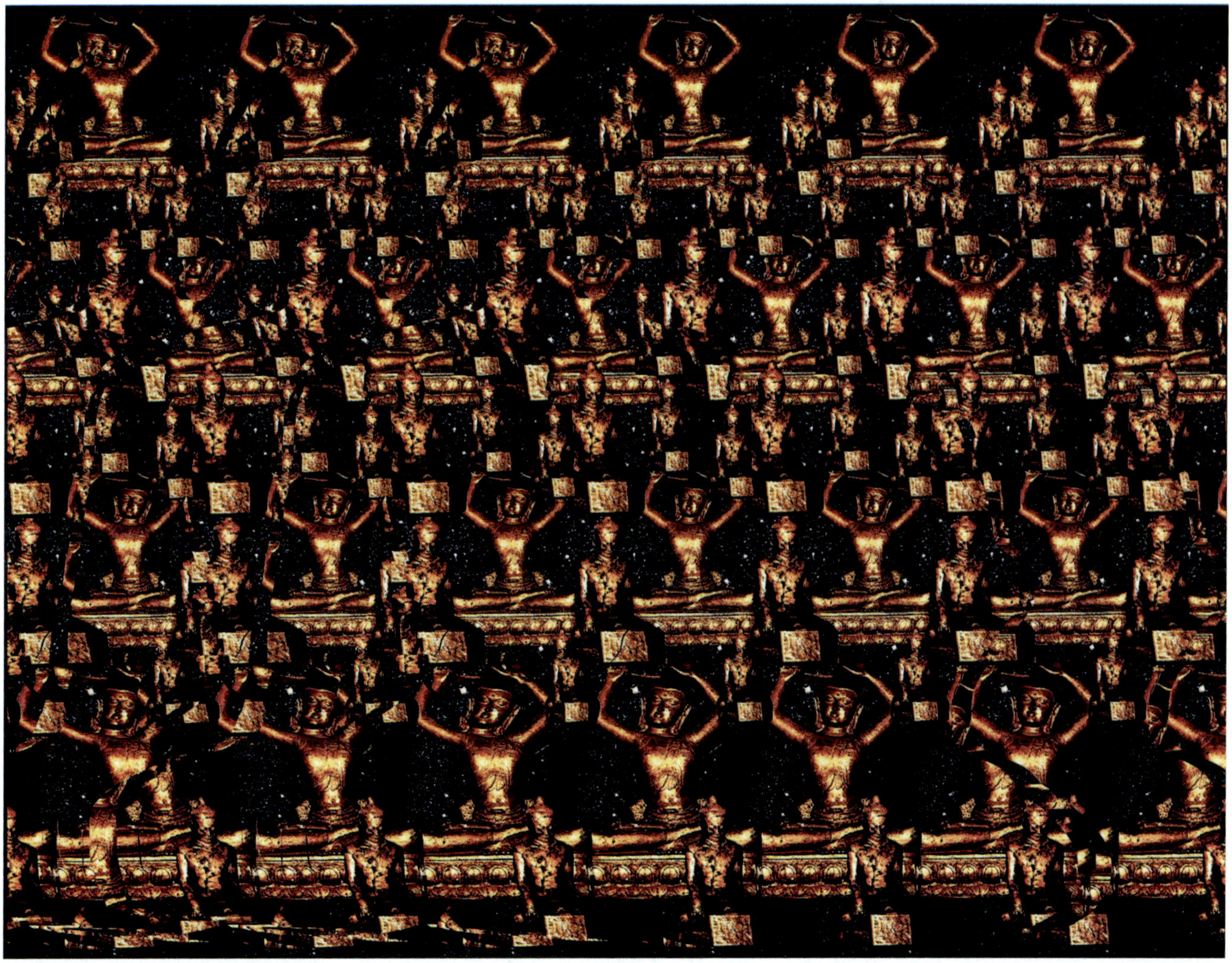

Bohdan Prtzhyrycz: Buddha

Hier kannst du einen faszinierenden 3D-Effekt entdecken:
Variante 1: Betrachte das Bild unter guter Beleuchtung. Entspanne deine Augen und suche eine Lichtspiegelung auf der Oberfläche des Drucks.
Variante 2: Halte das Bild direkt vor deine Nase. Blicke geradeaus, als ob du durch das Bild hindurchsehen würdest. Entferne das Bild langsam von deiner Nase, ohne die Augenstellung zu verändern.

Sichtbar und doch verborgen

Bekanntes und Unbekanntes

Emil Schumacher: Terrano XII, 1990 (170 x 125 cm), Öl auf Holz

Bei einem Gemälde können Licht und Schatten, Linienführungen und Farben gezielt gesetzt werden. Bei einer Fotografie können diese Kompositionsaspekte nur über die Wahl eines „guten“ Ausschnittes gestaltet werden.

Ausschnitt finden

Blow up!

- Suche ein Bild aus, dessen Farben und Formen dir gefallen. Wähle mithilfe von Papierstreifen einen kleinen Ausschnitt, der eine gute Wirkung hat. Achte auf Farbverteilung, Hell-/Dunkelkontraste, sich wiederholende Formen, Kompositionsrichtungen. Tipp: Drehe das Bild zur Ausschnittsuche auf den Kopf. So achtest du stärker auf Farben, Schwerpunkte und Linienverläufe, nicht so sehr auf Gegenstände.
- Male den Ausschnitt stark vergrößert.

Sehen heißt erkennen

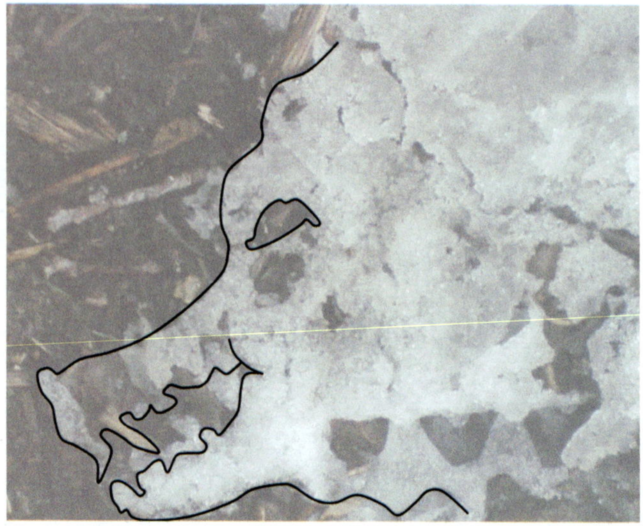

Wahrnehmungsgesetze

Mach dich mit dem Fotoapparat auf die Suche nach Verborgenem. Du wirst erstaunt sein, was du entdeckst, wenn du konzentriert suchst: in Wolken, Wassertropfen, Hausfassaden, Texturen, Strukturen, in Raufasertapeten.

Isabelle Bülthoff, MPI, Tübingen

Kannst du dir vorstellen, wie viele Informationen dein Gehirn beim Sehen verarbeiten muss? Vergleiche mit einer Digitalkamera: Ein einfaches Bild setzt sich aus mehreren Millionen Bildpunkten zusammen, wie viele werden das bei sich ständig verändernden Bildern mit größter Schärfe sein? Dass wir durch unser Sehen nicht überlastet werden, kommt daher, dass wir nur die Dinge aktiv aufnehmen, die für unser Handeln von Bedeutung sind. Alles andere wird unbewusst wahrgenommen. Nur was wichtig wird, lösen wir als Gestalt aus der Umgebung heraus.
Unsere Wahrnehmung ist darauf trainiert, dass dies im Notfall schnell geschieht; sie erkennt bestimmte Zusammenhänge bevorzugt:

Wahrnehmungsgesetze

Bekanntes vor Unbekanntem: Gestalten, die wir gut kennen, finden wir nahezu automatisch. Wir erkennen sie leichter in dem Zusammenhang, in dem wir sie im Gebrauch kennengelernt haben. Sind sie nur teilweise sichtbar, ergänzt unser Denken sie zur vollständigen Gestalt.

Ordnung vor Unordnung: Wir interpretieren regelrecht Ordnung in alles, was wir sehen. Deshalb werden parallele oder symmetrische Linien genauso als Einheit gesehen wie Bereiche ähnlicher Textur oder Farbe. Wir erkennen dort, wo eine helle an eine dunkle Fläche grenzt, eine Linie, auch wenn keine vorhanden ist.

Benachbart vor entfernt: Elemente, die nahe nebeneinanderliegen, werden als zusammengehörig erkannt.

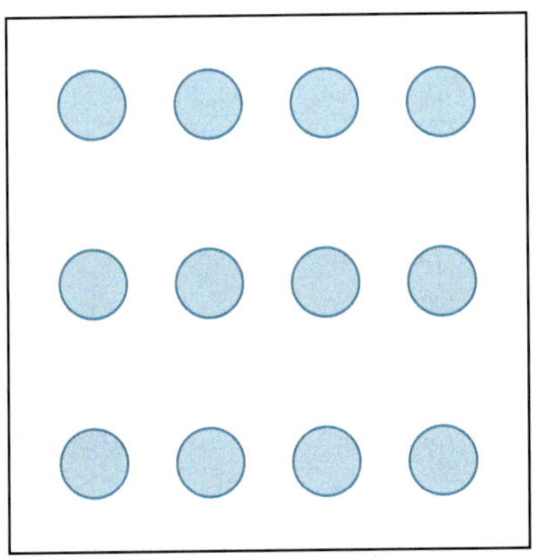

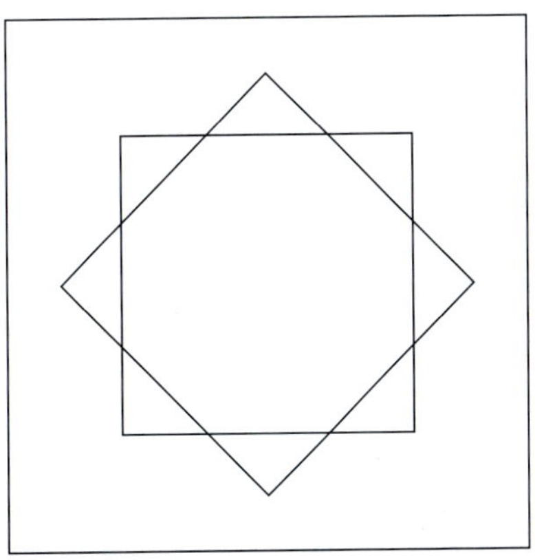

Erkläre die aktive Rolle unseres Denkens bei der Wahrnehmung: Warum identifizieren wir auf dem Bild links unterschiedlich geformte Stühle auf Anhieb, die Schatten und Spiegelungen zunächst aber nicht? Wieso erkennen wir Reihen blauer Punkte und keine Spalten, zwei Quadrate und kein Achteck mit acht Dreiecken?

Mit der Wahrnehmung spielen

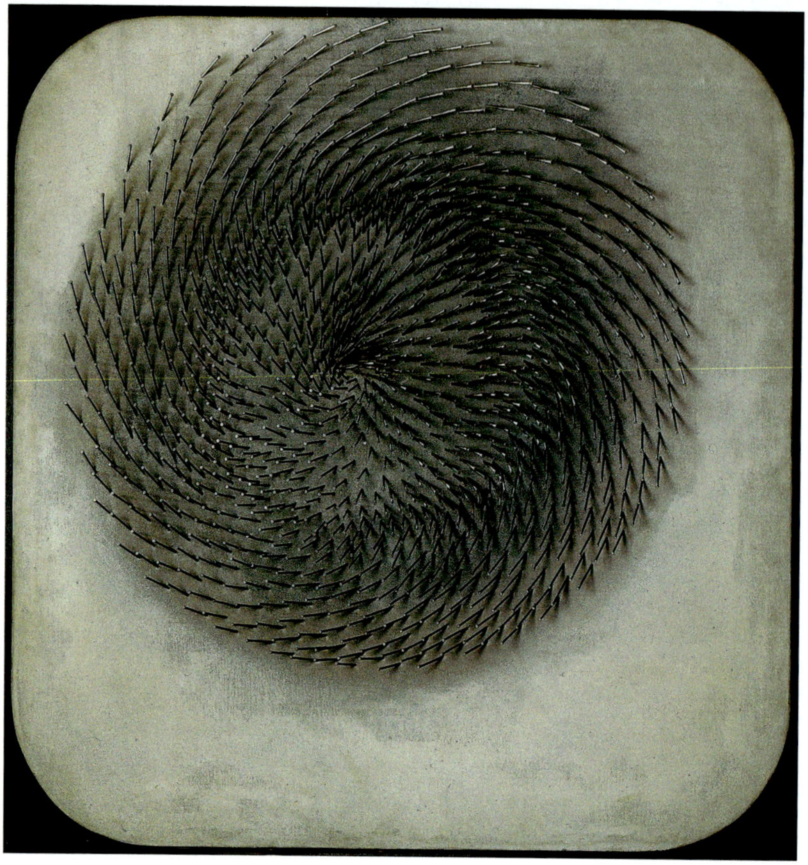

Günther Uecker: Organische Struktur, 1962 (110 x 110 cm), Farbe auf Holz und Nägel

Ueckers Nagelbilder verändern sich, wenn man sie im Vorbeigehen betrachtet – als ob ein Film abläuft.
Mehrere Künstlergruppen setzen sich wie Uecker mit den Wahrnehmungsgesetzen auseinander. Sie nennen ihre Arbeiten „perzeptuelle Kunst" oder „Op Art".

Grundfigur (Ausschnitt) und Verschiebungszustand

Zwei Möglichkeiten, Op Art herzustellen:

- Mit optischen Effekten spielen: Verschiebt man zwei Wellenlinien-Pakete am Bildschirm, entstehen faszinierende Effekte. Experimentiere mit verschiedenen Linienformen und -farben.
- Lege auf einer Holzplatte Bewegungsmuster fest. Schlage Nägel ein. Es kommt auf die Regelmäßigkeit an, mit der du arbeitest.

Bridget Riley: Cataract III, 1967 (223,5 x 222 cm)

Hier muss man näher hingehen. Plötzlich scheinen Wellenbewegungen durch das Bild von Bridget Riley zu laufen. Wie können auf einem Gemälde Bewegungen entstehen?

Museumstipp: Manchmal findest du in Ausstellungen große monochrome, also einfarbige Bilder, oder solche, die reine Farbwolken zeigen. Beim Betrachten musst du so nahe herangehen, dass dein ganzes Sichtfeld nur noch das Bild wahrnimmt. Entspanne deine Augen und betrachte das Bild. Es entstehen tiefe Räume, flirrende Oberflächen, virtuelle Bewegungen.
Vorsicht Alarmanlage: Nur gucken, nicht anfassen.

Informiere dich über den Moiré-Effekt. Erkläre, wie die Bewegungsillusion bei den Arbeiten von Riley und Uecker entsteht.

Wahr-Nehmung

Ansichtssache

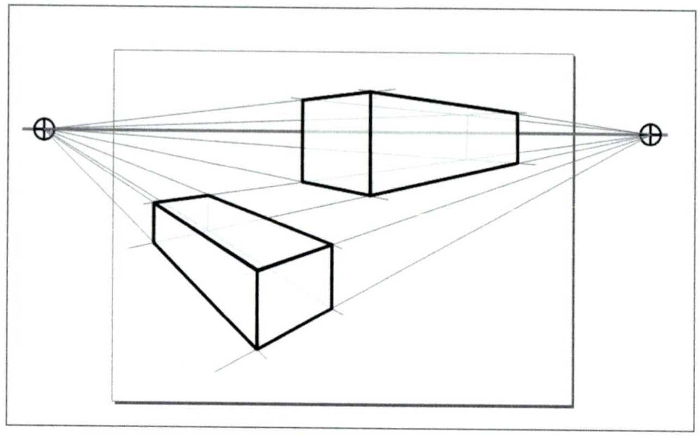

Schülerarbeit

- Suche Gegenstände und entdecke sie mit dem Fotoapparat neu: Werkzeug, technische Geräte, Gemüse, Schuhe … Experimentiere mit unterschiedlichen Beleuchtungen.
- Setze die Fotoserie zeichnerisch um. Graphitstifte oder Zeichenkohle eignen sich gut, um die Plastizität herauszuarbeiten.
- Wähle einen Gegenstand, der aus einfachen geometrischen Formen besteht, Eckiges ist einfacher als Rundes. Zeichne ihn so, dass er riesig wirkt. Setze dazu die Position der Horizontlinie und die Fluchtpunktperspektive gezielt ein.

Von allen Seiten betrachten – grafische Strukturen durch Nahaufnahmen – neue Zusammenhänge durch Montagen – eine gespiegelte Kopie einfügen und drehen.

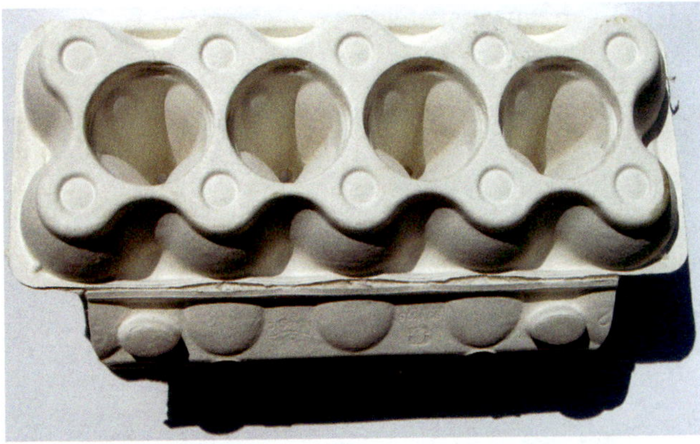

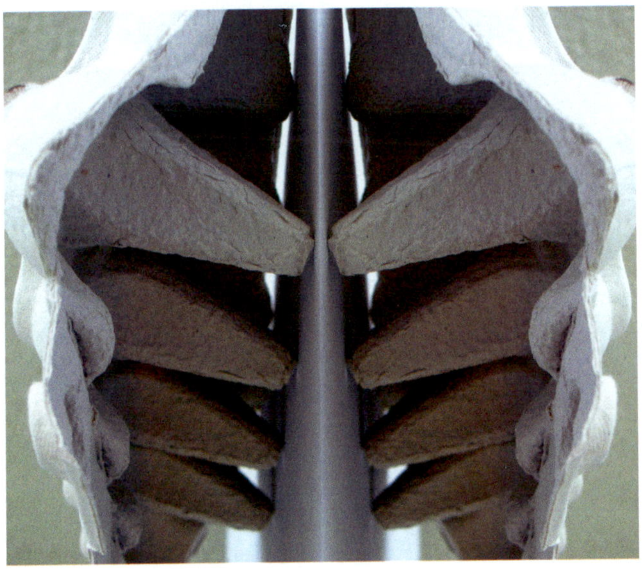

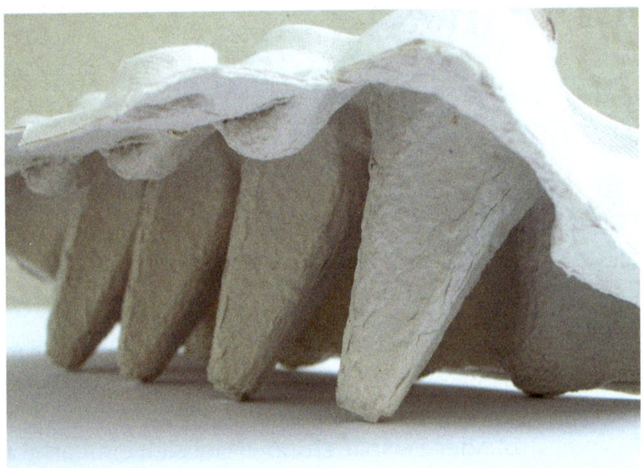

- Überarbeite deine eindrucksvollsten Ausschnitte mit dem Bildbearbeitungsprogramm.

Viele Sichtweisen

Juan Gris: Gitarre und Zeitung, 1925 (60,5 x 80,5 cm)

Unübersichtliche Welt. Juan Gris vereinigt verschiedene Sichtweisen auf die dargestellten Gegenstände des Stilllebens in einem Bild. Er übersetzt damit die Räumlichkeit der Objekte in die Flächenkunst der Malerei. Trotz der Zersplitterung ergibt sich ein harmonischer Gesamteindruck. Wie gelingt das?

Untersuche die Formen und Farben des Bildes unter den Gesichtspunkten Einheitlichkeit und Gegensätze. Wie gelingt Gris das Nebeneinander von Harmonie und Disharmonie?

Wie viele Ansichten in einem räumlichen Objekt verborgen sind, könnt ihr mit einer gemeinsamen Aufgabe ergründen. Wenn alle denselben Gegenstand aus einer anderen Sicht darstellen, werden unterschiedliche Sichtweisen auf die Wirklichkeit deutlich.

Präsentieren und ausstellen

- **Vorbereitung:** Zeichnet das Raster rechts am Computer und druckt es auf festem Papier aus. Durch Falten und teilweises Zerschneiden lassen sich Raumecken herstellen. Die Fotos geben Hilfen, wo und wie weit ihr schneiden könnt.
- **Gemeinsamkeiten festlegen:** Um eurer Ausstellung einen einheitlichen Charakter zu geben, beschränkt euch auf zwei bis drei Farben.
- **Umsetzung:** Sucht interessante Ausschnitte und zeichnet, malt und fotografiert sie. Arbeitet mit unterschiedlich großen Formaten.
- **Präsentieren:** Stellt eure Arbeiten aus. Achtet darauf, dass Bilder, Rahmen und Umgebung eine Einheit bilden.

Schülerarbeiten

Täuschungsversuche

In der Kunst wird oft mit Augenbetrügereien gespielt – Trompe-l'œil heißt der Fachbegriff. Johannes Torrentius beherrschte die Kunst der Täuschung so vollendet, dass man dachte, er brächte die realen Objekte durch schwarze Magie auf den Malgrund. 1682 wurde er wegen Zauberei zum Tode verurteilt und konnte nur dank der Gunst des englischen Königs vor dem Scheiterhaufen gerettet werden.

Johannes Torrentius: Kreuzweg Jesu, Beginn 17. Jahrhundert

René Magritte: Dies ist kein Apfel, 1964 (140 x 90 cm)

Trompe-l'œil

Torrentius hat, wie viele Künstler seiner Zeit, mithilfe der camera obscura gearbeitet. Sie projiziert ein einfaches Schattenbild auf den Malgrund.

- Suche Stellen im „Kreuzweg Jesu", wo man das Trompe-l'œil besonders gut erkennen kann, und beschreibe die Machart.
- „Dies ist kein Apfel", sondern?

Franz Gertsch: Johanna I, 1983/1984 (330 x 340 cm)

Fast ein Jahr lang hat Franz Gertsch an seinem letzten Großformat gearbeitet, acht bis zehn Stunden jeden Tag Punkt für Punkt tupfte er seine realistischen Menschendarstellungen mit feinem Pinsel auf riesige Leinwände. Und immer langsamer wächst sein Œuvre. 36 großformatige Bilder entstanden von 1969 bis 1980, seither gerade noch acht. „Es werden heute so viele Bilder gemalt", sagt Franz Gertsch, „da möchte ich nicht auch noch viele, sondern ein paar gute malen."

Betrachten und besprechen

Probiert die Malweise Gertschs aus: Projiziert ein Bild auf einen Malgrund und arbeitet so, wie es im Zeitungsausschnitt beschrieben ist.

- Wo konntet ihr einfach abmalen, wo musstet ihr eigene Entscheidungen treffen?
- „Es werden heute so viele Bilder gemalt …" Diskutiert darüber, welche Bedeutung Gertschs Kunst in unserer bildüberfluteten Zeit hat.

Ein neuer Realismus

David Parrish: Motorcycle, 1971 (100 x 100 cm) Acryl auf Leinwand

Die fotorealistischen Maler nutzten Fotografien als Vorlage und vergrößerten sie. Während die Fotografie beim Vergrößern durch die Bildpunkte an ihre Grenzen stößt, entstehen beim Arbeiten mit Farbe und Pinsel reine Flächen und Konturen. Dadurch wirken Gemälde wie „Motorcycle" so ungewöhnlich scharf.
Bildhauer nutzten zur selben Zeit neu entwickelte Kunststoffe, um Körper abzuformen. Bis ins feinste Detail wurde die Oberfläche bemalt.

ZEBRA – Manifest No. 1/Nov. 64–Feb. 64

Die erste Hälfte des 20. Jahrhunderts war beherrscht durch die Abstraktion, die 2. Hälfte sollte einem Neuen Realismus gehören. [...]
Wir fordern daher eine Malerei, die sich direkt mit den Phänomenen dieser Umwelt auseinandersetzt. Vorrangig abzubilden sind dabei – außer der menschlichen Figur – diejenigen Dinge, die unsere Umgebung heute in hohem Maße prägen, in ihr oft vorkommen, noch nie gemalt wurden oder optische Phänomene der modernen technisierten Welt typisch widerspiegeln wie Autos, Flugzeuge, Plastikgegenstände, Sportgeräte, Spielzeug usw. [...]
Unser Welt-Bild wird heute optisch zumindestens 90% durch Bildvorstellungen bestimmt, die kein Künstler geschaffen hat: Werbung, Fotografie, Film, Fernsehen haben Sehgewohnheiten entstehen lassen, die von bildenden Künstlern erst zu einem geringen Teil reflektiert worden sind. Fotos in Zeitungen, Zeitschriften usw. wurden bislang besinnungslos konsumiert – ihre Bewusstmachung ist längst überfällig. Die typischen Stilmittel der Fotografie sind: „verzerrte" – also objektive – Perspektive (Tele, Weitwinkel), Aufsicht („Vogel"-Perspektive), Untersicht („Frosch"-Perspektive), Farbstichigkeit (künstliche Beleuchtung), „Einfrieren" von Bewegungen (Kurzzeitbelichtung), „Verwischen" (Langzeitbelichtung), Ausschnitt, Anschnitt u. v. m.

Hinweis: Text und Hervorhebungen entsprechen dem Original.

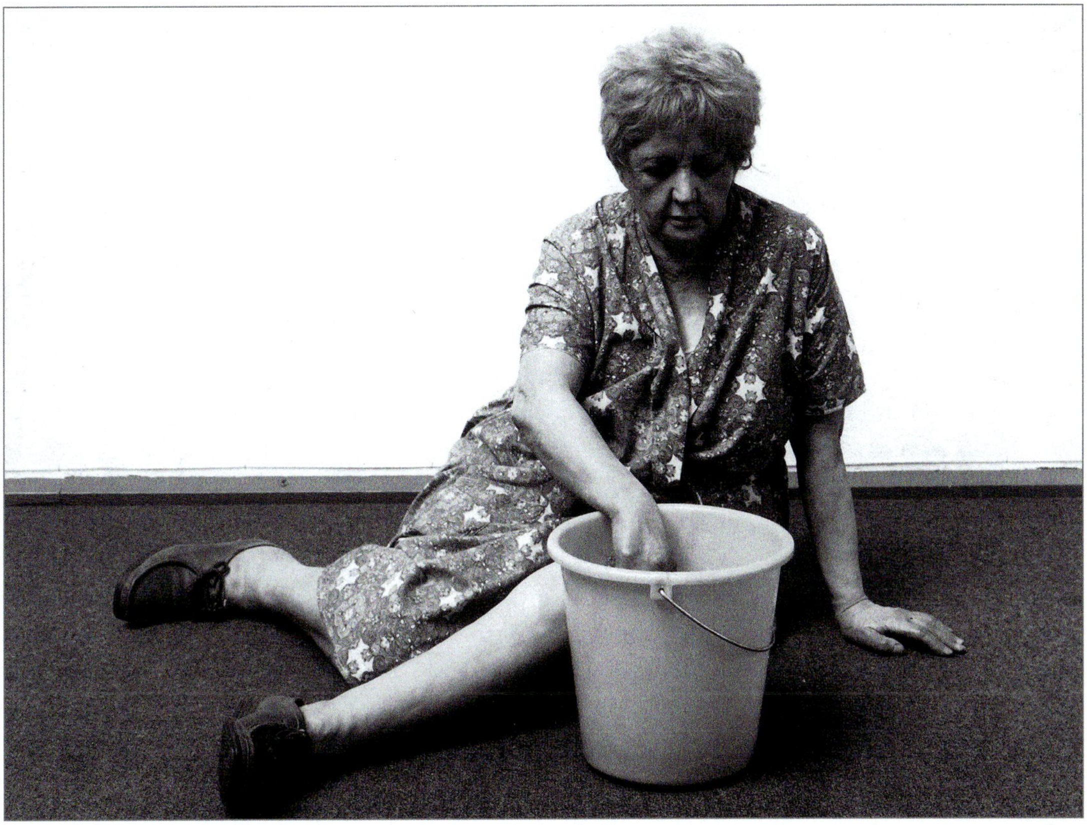

Duane Hanson: Putzfrau, 1972 (81 x 117 x 95 cm), Kunststoff mit Ölfarbe bemalt

Wir waren in der Staatsgalerie in Stuttgart. In einem Raum saß eine Putzfrau auf dem Boden. Sie sah erschöpft aus, bewegte sich gar nicht. Wir wurden ganz leise, es war irgendwie komisch. Wir wurden unsicher: Ist das ein echter Mensch? Warum bewegt die sich nicht? Wir trauten uns zuerst gar nicht, näher hinzugehen.
Die war unglaublich echt gemacht. Die Haut war fleckig, blaue Äderchen liefen wie bei meiner Oma über den Handrücken. Die Kleider und Schuhe, sogar der Putzeimer waren gebraucht. Nur an der Perücke konnte man sehen, dass das eine Puppe ist. Warum macht ein Künstler so etwas?

Katrin, 9. Klasse

- Eine Kunst, die die Welt illusionistisch abbildet: Bestimmt bei den abgebildeten Kunstwerken, was genau die Leistung des Künstlers ist.
- Vorschläge für die handelnde Auseinandersetzung mit dem Manifest der Gruppe ZEBRA: Gute Ausschnitte aus Fotos so stark vergrößert zeichnen, dass die Pixel zum Gestaltungsmerkmal werden – Werbefotos nachstellen und unter anderer Perspektive fotografieren.

Hyperrealismus

Denkmäler

Machtdemonstrationen

Mannheim – Und er dachte sich noch, ja wunderbar, jetzt hab ich's. Der Himmel, die Wolken, der Turm, das Minarett. Alles drauf. Es ist nicht einfach, das eine Ding 74 Meter hoch, das andere nur 34 Meter. Wie bringt man so etwas auf ein Foto? Unten von der Straße aus sah die Sache banal aus. Aber vom Dach der Moschee, da hatte es was. Dann zog sich auch noch der Himmel zu, dann wieder auf. Fotografendusel. Er drückte auf den Auslöser. Im Nachhinein muss man fast sagen: dumm gelaufen.

Jetzt liegt das Foto des Fotografen David Klammer auf dem Tisch. Talat Kamran schaut es sich an, lächelt, schaut es sich nochmal an, lächelt nicht mehr: „Es ist ein schönes Bild. Aber es ist halt völlig verkehrt." Auf dem Foto ist das Minarett der Yavuz Sultan Selim Moschee ein Riese und der Kirchturm der Liebfrauenkirche ein Winzling. Die Realität auf dem Mannheimer Luisenring sieht anders aus. 74 Meter die Kirche – 34 Meter die Moschee. Der Riese steht auf der anderen Seite der Straße, das katholische Kreuz ragt hoch in den Himmel.

So ist das, Perspektive, Weitwinkel, Standpunkt, sie können Wahrheiten verschieben. Das ist die Kunst des Fotografierens. Aber vielleicht ist dies nicht der Zeitpunkt, um Wahrheiten zu verschieben. Nicht in dieser Sache, nicht nach dem Minarettverbot in der Schweiz, nicht nach den Sarrazin-Buschkowsky-Aufregungen. Nicht in dieser Zeit der Empfindlichkeit, in der ein gigantisches Minarett neben einem winzigen Kirchturm aussehen kann wie eine Bedrohung – mitten in Mannheim. Ausgerechnet.

Der Fotograf David Klammer sagt, so ein Weitwinkel verfälscht die Wahrheit. Er werde dafür sorgen, dass keine falschen Leute dieses Bild drucken. [...]

Betrachten und besprechen

Setzt euch mit den Bildern und den Informationen dieser Seite auseinander:

- Die Doppeldeutigkeit des Begriffs Perspektive
- Die Verantwortung der Medien

Die Siegessäule in Berlin ist eines der Wahrzeichen der Stadt. Die meisten Besucher genießen die überwältigende Aussicht, die sie bietet. Wenige machen sich Gedanken darüber, warum es dieses Denkmal überhaupt gibt und warum es so aussieht, wie wir es heute kennen.

Heinrich Strack: Siegessäule (1864–1873), Höhe: 67 m

- Informiert euch über die Siegessäule: Anlass für die Errichtung, Funktion und Symbolwirkung der neun Ebenen, Streit um die Siegessäule im Lauf der Geschichte.
- Diskutiert die Wirkung von Denkmälern, die militärische Siege feiern: Woran soll erinnert werden? Welche Tatsachen werden ausgeblendet? Wie sehen die anderen Nationen solche Denkmäler – zu ihrer Entstehungszeit und heute?

Denk-mal nach

Ich tauche langsam vom Rand her ein. Immer tiefer geht es, in Wellen, in die Schluchten aus Stelen. Ich schaue links und rechts – und merke nicht, wie ich den Überblick verliere. Wo sind die anderen? Vielleicht ging es den Menschen im Dritten Reich ähnlich: Ohne es zu merken, verloren sie die Orientierung, den Blick auf ihre Mitmenschen. Wenn Tote ihre Grabsteine sehen könnten, hätten sie dieselbe Sicht.

Peter Eisenmann: Denkmal für die ermordeten Juden Europas, 2003–2005 (ca. 14 000 m^2)

Warum ein Gedenken nach Opfergruppen?

Was machte die Vorgängerfirma von Degussa von 1933–1945?

Warum ein Stelenfeld und kein Friedhof?

Soll mit dem Denkmal ein „Schlussstrich“ gezogen werden?

Lässt sich Vergangenheit bewältigen?

Wie kann es gelingen, das Böse im Schönen auszudrücken?

Selbst der Graffiti-Schutz für die Betonstelen ist im Lande der Täter nicht unschuldig – ausgerechnet die Degussa, Nachfolgefirma der Degesch, die im Nationalsozialismus das Zyklon B für die Vernichtungslager produzierten, lieferte jetzt den Anstrich zum Schutz gegen Schmierereien. Am Ende wurde pragmatisch entschieden: Erinnern ist in Deutschland niemals unbelastet.
Am Holocaust-Denkmal stellen sich alle Fragen deutscher Vergangenheitsbewältigung aufs Neue. 60 Jahre nach Kriegsende trägt es die Bürde endgültiger Antworten. Aber vielleicht ist das schon ein Missverständnis, und das Mahnmal ist nichts anderes als eine unbeantwortbare Frage aus Stein. „Im besten Sinne anstößig", so hat es der frühere Bundestagspräsident Thierse formuliert.

Sich auseinandersetzen:
- Diskutiert die Fragen in den Schlagzeilen.
- Am Mahnmal werden immer wieder Jugendliche ermahnt, die über die Stelen springen oder dort essen. Darf man an einem Ort mit solch ernstem Hintergrund unbefangen sein? Recherchiert die Aussagen des Architekten dazu.
- Diskutiert: Welche der beiden hier gezeigten Mahnmal-Ideen zwingt die Bevölkerung zu intensiverem Nachdenken über den Holocaust?

Rudolf Herz, Reinhard Matz: Mahnmal für die ermordeten Juden Europas (Entwurf), 1997

Einen Kilometer Autobahn wollten die Künstler Herz und Matz pflastern und die Geschwindigkeit auf 30 km/h begrenzen lassen. „Unser Vorschlag ist ein Test auf die Bereitschaft der deutschen Gesellschaft, welchen Preis sie bereit ist, für eine lebendige Erinnerung an den Holocaust zu zahlen und wie sie sich darüber verständigt."
(Rudolf Herz)

Denkmal

80 Millionen Künstler

Joseph Beuys: Blutaktion, 1982

Aktionskunst

Am 9. Juli 1982 zog der Künstler Joseph Beuys mit Demonstranten vor die türkische Botschaft in Bonn-Bad Godesberg. Er übergoss ein Plakat gegen Folterungen und Todesurteile in der Türkei mit Tierblut und streute Blüten darüber. Nach einer Schweigeminute wurde das Plakat hochgehalten und Beuys rief laut: „Das ist Praxis!" Anschließend legte er aus den Blütenblättern das Wort NATO – die Türkei gehört seit 1952 dem Verteidigungsbündnis an.

Joseph Beuys (1921–1986) ist wahrscheinlich der schillerndste deutsche Künstler der Nachkriegszeit. Fest mit seinem Namen verbunden ist die Erweiterung des Kunstbegriffs um politische Aktionen und Installationen. Er prägte den Begriff der sozialen Plastik.
Beuys wurde Professor an der Kunstakademie in Düsseldorf. Gemäß seiner berühmten Aussage „Jeder Mensch ist ein Künstler" ermöglichte er auch Bewerbern, die die Aufnahmeprüfung der Akademie nicht bestanden hatten, bei ihm zu studieren. Daraufhin wurde er vom Kultusminister Nordrhein-Westfalens, dem späteren Bundespräsidenten Johannes Rau, entlassen. In der spektakulären Aktion „Überquerung des Rheins" wurde er 1973 von seinen Studenten zurückgeholt. Beuys' Kunst ist kaum zu verstehen, ohne dass man sich über seine Beweggründe informiert.
Auch wenn es keine beabsichtigte Verbindung gibt: Die modernen Aktionsformen Flashmob und Smart Mob bauen auf dem auf, was Joseph Beuys für die Kunst entwickelt hat.

Grundgesetz lesen Bearbeiten

Bundesweiter Flashmob zum 60. Geburtstag des Grundgesetzes -> Hiermit fing es an :)

Und hier ist der Aufruf von MOGIS

Tag & Uhrzeit Bearbeiten

Samstag, 23. Mai 2009 um **14:00 Uhr** in vielen Städten bundesweit

Ausnahme & Planänderung:

Berlin beginnt bereits um 13:00 Uhr!

Choreographie Bearbeiten

- **14:00 Schmökern**
  (Jeder holt sein GG hervor, blättert darin und schmökert. Wer möchte, kann dabei „Die Gedanken sind frei" singen/summen/pfeifen, oder auch die Präambel zum Grundgesetz murmelnd vorlesen. So bietet sich auch die Gelegenheit, auf großen Plätzen auf die anderen Teilnehmer zuzuschlendern)
- **14:02 Lese-Pose**
  (Versteinerte Position halten, spannende Stilleben für die Presse schaffen)
- **14:03 langsames und deutliches Vorlesen der Artikel 1, 5, 8, 10 und 19 GG**
- **14:05 fertig :)**

Wer Lust hat, verschenkt anschließend sein GG an Passanten. *(Evtl. mit dem GG-Einleger vom AK-Vorrat mit angepasstem Text)*

Was genau lesen? Bearbeiten

Web-Beitrag und Foto des Flashmob „Grundgesetz lesen"

Betrachten und besprechen

- Sammelt Hintergrundinformationen zu den markierten Begriffen im Informationstext über Joseph Beuys.
- Flashmob als soziale Plastik: Wendet die Gestaltungsmerkmale einer Plastik auf die Aktion „Grundgesetz lesen" an. Diskutiert: Welche Elemente einer Plastik sind enthalten? Was fehlt, um den Charakter der Aktion zu erfassen?

- Wählen – Toleranz – einmischen … Gestaltet mit Gegensatzpaaren zum Leben in einer Demokratie „Ortsschilder". Hängt sie im Schulhaus auf – oder im Rathaus?

Schaut her!

Eine aus heutiger Sicht ungewöhnliche Darstellung eines Mannes. Ludwig XIV. – Sonnenkönig ließ er sich nennen, weil er sich als Abgesandter der Götter verstand. Er ist heute der Inbegriff eines barocken Herrschers.

Kunstmarmor: Stein wurde in beliebigem Farbton mit Marmorstruktur bemalt. So konnte der „Stein" die Gestaltung der Architektur unterstützen.

Wertvoller, schwerer Seidenstoff in Purpurrot und Gold. Purpur, auch Scharlachrot genannt, wird aufwändig aus zerriebenen Läusen hergestellt. Seine Herstellung ist sehr teuer. Purpur ist die Farbe der Könige und Kardinäle, ein Symbol der Macht also.

Künstlichkeit auf dem Kopf: Unter den Perücken war der Kopf kahl rasiert.

Blau war eigentlich die Farbe der einfachen Leute, weil es aus Pflanzen billig hergestellt werden konnte. Das gewöhnliche Blau auf ungebleichtem Stoff war allerdings ein schmutziger Farbton. Strahlendes Blau konnte nur mit teurer Farbe auf bestimmten Stoffen, z. B. auf Seide gefärbt werden. Ab dem 13. Jahrhundert heißt es Königsblau, weil es den Königsmänteln vorbehalten war. Daher ist es auch Symbol für Maria, die Mutter Jesu.

Weißer Nerz ist ein extrem teurer Pelz, Weiß ist die Farbe der Vollkommenen, des Göttlichen.

Hyacinthe Rigaud: Ludwig XIV. von Frankreich, 1701 (277 x 194 cm)

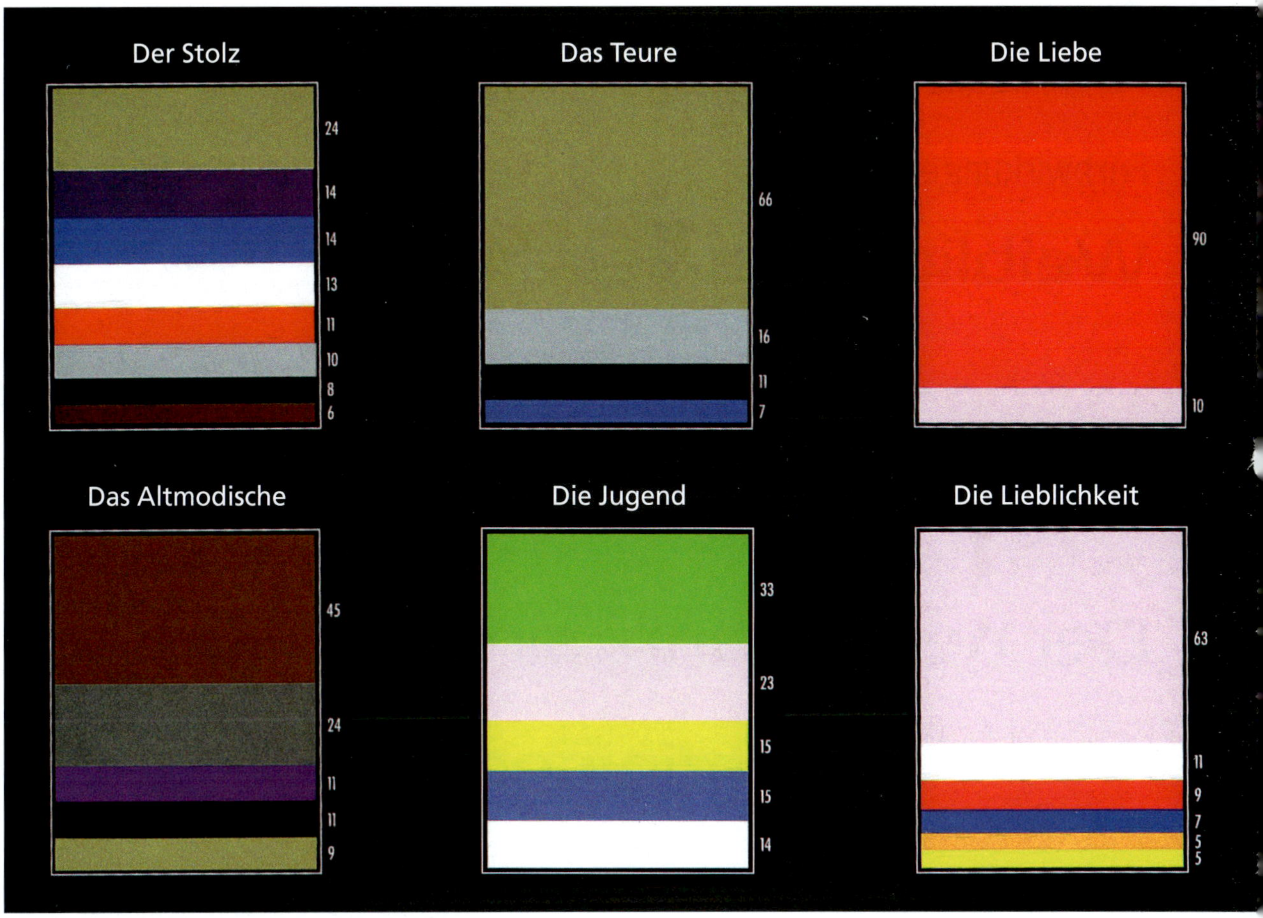

Symbolfarben

Die Ergebnisse einer Untersuchung zur Farbempfindung: Die Höhe der Felder spiegelt die Häufigkeit wieder (Prozentzahlen stehen rechts), mit der eine Farbe im Zusammenhang mit einem Gefühl genannt wurde. Überlegenswert: Welche Übereinstimmungen gibt es bei verwandten Gefühlen? Was bedeutet es, wenn einem Gefühl wenige, dem anderen mehrere Farben zugeordnet werden?

Machen Sie mehr aus Ihrem Typ!

Farbwirkungen

Weiblich und verspielt

Die Lizenz zum Verführen

Zur Party: Latin Lover

Der neue Mann: sinnlich verspielt

Femininer Farbenrausch

Männlich markant

Wähle einen der Werbeslogans aus und stelle ihn zeichnerisch dar. Arbeite nur mit freien Formen und mit Farbe, nicht mit Gegenstands- oder Personendarstellungen.

[redacted]

Gilbert und George sind ein Künstlerpaar. Sie leben mit streng geregeltem Tagesablauf, fast bieder. Trotzdem sind sie für ihre Selbstdarstellung als *Lebende Skulptur* weltberühmt geworden.

Suche Übereinstimmungen zwischen „Life" und den Farbdiagrammen auf der Ausklapperseite 71. Ausdruckswert und psychologische Wirkung von Farben: Suche Erklärungen, wie unsere Farbempfindung zustande kommt. Durchsuche Werbung und prüfe, ob sie damit arbeitet.

Große Gefühle:
- Erstelle eine Fotomontage, die ein Gefühl zum Motiv hat.
- Vergrößere sie mithilfe des Rasterverfahrens auf einen Bildträger, z. B. auf eine Holzfaserplatte.
- Gestalte das Bild farbig. Wähle Farbkombinationen von Seite 71, um die Wirkung deines Motivs zu verstärken.

Gilbert & George: Life (aus dem Zyklus *DEATH HOPE LIFE FEAR*), 1984 (423 x 656 cm)

Reklame

Vorbeigelaufen – weggeblättert – weggeklickt: Werbung muss ihr Ziel schnell und mit möglichst wenig Worten erreichen. Wie sie das versucht? Mit der AIDA-Formel.

A	Attention: Aufmerksamkeit erregen
I	Interest: Interesse wecken
D	Desire: Bedürfnis wecken
A	Action: zum Handeln auffordern

Werbung

Überprüfe an der Werbung auf dieser Seite, wie die AIDA-Formel umgesetzt wurde.
In allen drei Kampagnen wurde die Farbwirkung der Farbe Rot gezielt eingesetzt. Beschreibe.

Ingeborg Bachmann (1926–1973) war eine unbequeme Dichterin. Sie forderte die Menschen auf, sich nicht manipulieren zu lassen. Ein oft zitierter Ausspruch Bachmanns lautet: Die Wahrheit ist dem Menschen zumutbar.

Reklame ◆ Ingeborg Bachmann

Wohin aber gehen wir
ohne sorge sei ohne sorge
wenn es dunkel und wenn es kalt wird
sei ohne sorge
aber
mit musik
was sollen wir tun
heiter und mit musik
und denken
heiter
angesichts eines Endes
mit musik
und wohin tragen wir
am besten
unsre Fragen und den Schauer aller Jahre
in die Traumwäscherei ohne sorge sei ohne sorge
was aber geschieht
am besten
wenn Totenstille

eintritt

Setze das Gedicht in eine Illustration um. Entscheide dich für eine Umsetzungsform: Nur Bilder oder Bildelemente und Worte? Collagiert oder gezeichnet? Am Computer oder von Hand?
Die typische Form eines Gedichtes ist die Einteilung in Verszeilen. Finde eine grafische Entsprechung.

Werbebotschaften aussenden …

Werbung

… und entschlüsseln

Werbefachleute müssen in einer Werbekampagne wichtige Fragen stellen und beantworten. Dazu müssen sie die Wirkung der Werbung gezielt einsetzen können.

Konsumenten wollen sich nicht manipulieren lassen. Daher sollten sie die Wirkung der Werbung verstehen.

Das Produkt präsentieren	Welches Produkt wird beworben? Wie sieht es aus? Was macht es interessant?	Welches Produkt wird beworben? Wozu kann ich es gebrauchen? Welche Detailinformationen finde ich?	**Das Produkt verstehen**
Die Beziehung zum Konsumenten herstellen	Wie kann Aufmerksamkeit erzeugt werden? An welche Zielgruppe wendet sich das Produkt?	Was genau weckt meine Aufmerksamkeit? Gehöre ich zur Zielgruppe?	**Die Beziehung verstehen**
An den Konsumenten appellieren	Wie möchte sich die Zielgruppe sehen? Was macht das Produkt begehrenswert?	Welche Gefühle sollen bei mir geweckt werden? Was interessiert mich an der Werbung?	**Den Appell verstehen**
Die Marke vorstellen	Wie möchte sich der Auftraggeber dargestellt sehen? Wie lässt sich das Image des Auftraggebers mit dem der Konsumenten verbinden?	Welche Firma steht hinter der Werbung? Welche Interessen verfolgt sie?	**Die Werbeabsicht verstehen**

- Wenn du die Machart dieser Werbung untersuchst, wirst du feststellen, dass du nicht alle Fragen beantworten kannst. Überprüfe, welche Informationen dem Auftraggeber besonders wichtig waren.
- Wie stark werden in dieser Werbung die vier Fragegruppen gewichtet?
- Vergleicht eure eigenen Vorlieben: Wollt ihr durch Werbung eher informiert oder gefühlsmäßig angesprochen werden?

Wahrnehmungsschule

Sichtbar machen

2009 tauchten in der Werbung Fotos und Filme auf, die ganz eigenartig wirken. Eigentlich sieht alles wie eine Modelleisenbahn-Landschaft aus, an den Menschen und den Gegenständen erkennt man aber, dass es reale Szenen sind.

Digitale Bearbeitung eines Fotos

- Beschreibe den Verlauf der Schärfe auf dem Foto.
- Bei diesem Bild wurde die Tiefenschärfe digital beeinflusst. An Fotoapparaten kann man die Tiefenschärfe über die Blende einstellen. Informiere dich: Was ist Tiefenschärfe? Welchen Zusammenhang gibt es zwischen der Blende und dem Schärfebereich in Fotografien?
  Zeige, was du herausgefunden hast, an geeigneten Fotos.
- Für Fortgeschrittene: Unter den Suchbegriffen „Modellbau-Look" und „Miniaturfotos wie in der Telekom-Werbung" findest du Anleitungen, wie man Fotos digital so bearbeitet wie im Beispiel oben.

Manche Kunstwerke haben das Ziel, unsere Sinne zu sensibilisieren. Dabei arbeiten sie „über Bande“: Sie setzen Stilmittel ein, mit denen sie indirekt erkennbar machen, was nicht so offensichtlich ist.

Stilmittel der Aufmerksamkeitserzeugung

Leerstelle: Das, worauf man hinweisen möchte, wird nicht direkt dargestellt, aber so angedeutet, dass der Betrachter die Leerstelle füllen kann.

Paradoxon: Etwas wird so abgewandelt, dass eigentlich Unmögliches entsteht. Dies funktioniert besonders gut bei Symbolen.

Reihung: Durch häufiges Wiederholen können Unterschiede, aber auch Ähnlichkeiten zwischen fast gleichen Dingen betont werden.

Genau hinschauen: Beschreibe zunächst genau, was du siehst.
Stilmittel benennen: Welches Stilmittel wählt der Künstler, um auf sein Thema aufmerksam zu machen?
Verstehen: Benenne, worauf der Künstler aufmerksam machen möchte.

Joseph Beuys: Terremoto in Palazzo, 1981 (Detail)

Cildo Meireles: Fontes (Ausschnitt), 1992

Überall ist Raum

Das Zimmer eines Hotels in Barcelona. Im Bett ist eine Achse montiert, ein Motor lässt eine große Metallnadel kreisen. Auf ihrer Bahn verletzt die Nadel alles, was sich ihr in den Weg stellt.

Rauminstallation

Rebecca Horn
(geb. 1944) macht sich auf die Suche nach der Spannung, die zwischen dem menschlichen Körper und seinem Umraum besteht.

Rebecca Horn: El rio de la luna, 1992

Walter de Maria: Earth Room, 1968

Eine berühmte Installation: Die Räume einer Galerie in München sind bis zur Unterkante der Fenster mit Torf gefüllt.

Begib dich in Gedanken in eine der Rauminstallationen. Stelle dir vor, wie du dich darin bewegst. Was siehst, hörst, riechst du? Überlege, wie der Raum normalerweise genutzt wird. Welcher Aspekt davon wird durch die Installation betont?

Ein Themenprojekt

Präsentiert kleine Räume: Mäppchen, Handtasche, Einkaufstüten, Kleidung, Hosentasche …

Techniken und Gestaltungsmittel: auftrennen, ausschäumen, ausgießen, mit Ungewohntem befüllen, reihen …

Überall ist Bewegung

Sie wirken wie Hinweiszeichen, aber wo zeigen Schilder hin, die sich mit jeder Windböe verändern?

Alexander Calder: Mobile, 1973

Alexander Calder (1898–1976) ist mit seinen Mobiles berühmt geworden. Die riesigen Stahlskulpturen bewegen sich im Wind, als seien sie federleicht.

Jan Meyer-Rogge: Gezeiten I, 1987 (180 cm Durchmesser)

- Zwei unterschiedliche Konzepte: Beschreibe die beiden Arten, Bewegung darzustellen.
- Skizziere aus der Sicht eines der Passanten unterschiedliche Zustände der bewegten Plastik Calders.

Ich sehe …

Bewegung

Bauwerke aus Streichhölzern bauen, das Abbrennen filmen (im Freien arbeiten, Vorsicht walten lassen!).

Taschenlampenbewegungen im Dunkeln fotografieren (Langzeitbelichtung).

Einen Film der Künstler Fischli und Weiss besorgen und anschauen (sehr sehenswert!). Labile Skulpturen aus runden Elementen bauen (z. B. aus Baumstammstücken).

Murmeln in Farbe tauchen und über einen Malgrund rollen lassen (Tipp: Farbgebung beachten).

Bewegungen filmen, mit passender Musik hinterlegen.

Stop Motion: Bilder mit Bleistift zeichnen, fotografieren oder scannen, wegradieren, leicht verschoben neu zeichnen, fotografieren oder scannen … Am Ende die Einzelbilder mit einem Präsentationsprogramm oder einem Filmschneideprogramm als Film hintereinanderschalten.

Zeit

Obst jeden Tag fotografieren, sodass man den Reife- und Zerfallsprozess sehen kann.

Skurrile Uhren: bauen, zeichnen oder normale Uhren fotografieren und digital überarbeiten.

Einzelbilder aus eurer Schule: Vereinbart einen Zeitpunkt, stellt euch mit Fotoapparaten an unterschiedlichen Stellen im Schulhaus auf, wählt einen interessanten Ausschnitt, fotografiert genau zum vereinbarten Zeitpunkt. Montiert immer die Fotos eines Zeitpunkts in einem Rahmen. Variationen: Fotografiert denselben Ort zu unterschiedlichen Zeiten. Zeitweise belebte Orte wie der Flur vor dem Lehrerzimmer werden in der Wiederholung einen anderen Eindruck vermitteln als ein abgelegener Winkel.

Projekt

In diesem Kapitel geht es um

Nichts bleibt, wie es ist

Salvadore Dalí: Die Beständigkeit der Erinnerung, 1931 (26,5 x 36,5 cm)

Alles im Fluss!

Immer wieder anders

Kunst, das zeigt auch dieses Buch, ist immer wieder anders. Die Art, wie Kunst gemacht wird, hat sich im Laufe der Jahrhunderte verändert und auch das Denken darüber, was Kunst überhaupt ist.
Das gilt nicht nur für die Kunst. Bereits ca. 500 vor Christus hat der griechische Philosoph Heraklit seine Beobachtung der Welt im Satz „Panta rhei" (Alles fließt) zusammengefasst. Seiner Meinung nach gibt es nichts Beständiges, alles Seiende ist einem Prozess des ständigen Werdens und Vergehens unterworfen.

Hast du schon einmal versucht, eine Sache zu unterschiedlichen Zeiten zu fotografieren?
Nie wirst du ein identisches Foto erhalten!
Von der Erkenntnis, dass unsere Realität sich in ihrer optischen Wahrnehmbarkeit immer wieder verändert, waren die Impressionisten im 19. Jahrhundert fasziniert.
Sie interessierten sich besonders für die beleuchtungsabhängige Erscheinungsfarbe der Dinge.

Kathedrale von Rouen, um 1930

Die Kathedrale in Rouen ist ein massives Sandsteingebäude und wurde zur Zeit der Gotik erbaut, ist also inzwischen fast 700 Jahre alt. Das Foto zeigt den Zustand um das Jahr 1930. Im Mittelteil sieht man den von Claude Monet gewählten Ausschnitt.

Claude Monet hat die Kathedrale von Rouen 33-mal gemalt. Drei der Werke siehst du auf dieser Seite. Im Internet findest du noch mehr Abbildungen. Ist es tatsächlich immer dasselbe Gebäude?

Claude Monet: Die Kathedrale von Rouen
– in vollem Sonnenlicht, 1894 (107 x 73 cm)
– am Abend, 1894 (101 x 66 cm)
– im Morgennebel, 1894 (101 x 66 cm)

Betrachten und besprechen

- Was macht Monet aus der Kirche, die bereits so lange unverändert besteht?
- Beschreibe die jeweiligen Situationen. Warum sieht die Kathedrale immer anders aus?
- Wie viele Bilder könnte man zu der Kathedrale noch malen?

Mache Fotos von Situationen oder Gegenständen, die zeigen, dass sich alles permanent verändert.
Diskutiert: Hat Heraklit mit seiner These Recht?

Bin ich das?

Du kennst es aus eigener Erfahrung: Menschen bleiben nicht immer gleich. Sie entwickeln und verändern sich. Auch du bist heute anders als vor drei Jahren.

Vincent van Gogh: Selbst mit dunklem Filzhut, 1886 (41,5 x 32,5 cm)

Vincent van Gogh: Selbstbildnis, 1889 (65 x 54 cm)

Betrachten und besprechen

- Die Selbstporträts von Vincent van Gogh sind in einem Zeitraum von nur drei Jahren entstanden. Wie geht es ihm jeweils? Wie hat er sich verändert?
- Suche im Internet eine Biografie von van Gogh und stelle einen Zusammenhang zwischen seiner Lebenssituation und den Selbstbildnissen her.

Wer wir wirklich sind, wissen eigentlich immer nur wir selbst. Oft spielen wir Rollen mit festgelegten Verhaltensweisen – z. B. als Schüler. Manchmal können wir uns selbst nicht leiden und wollen jemand ganz anderes sein oder werden; oder wir haben Träume, Vorstellungen …

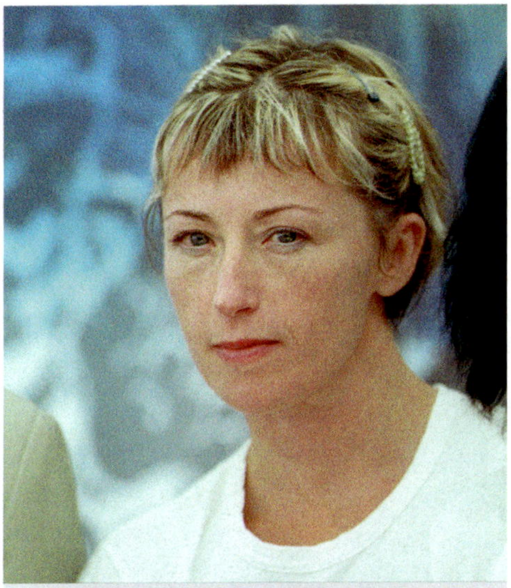

Cindy Sherman ist eine Fotokünstlerin. Sie hat es zum Prinzip ihrer Arbeit gemacht, nur sich selbst zu fotografieren. Sie macht allerdings keine Selbstporträts, sondern schlüpft in ihren Fotos in immer neue Rollen, in denen sie etwas über die Zeit erzählt, in der sie lebt.

Cindy Sherman, Ohne Titel, 1992 (172 x 114,3 cm) Fotografie

Inszeniere dich selbst in Fotos:
Wer bist du jetzt?
Wer möchtest du in 5 Jahren,
in 10 Jahren sein?
Schlüpfe in andere Rollen.

„in“ oder „out“

Werbung muss immer auf der Höhe der Zeit sein. Sie zeigt daher sehr deutlich, was zu einer bestimmten Zeit für modern gehalten wird. Die nebenstehende Werbung zeigt junge Menschen ungefähr in deinem Alter, die gerne trinken, was du vielleicht auch gerne trinkst.
Dennoch scheint die Werbung aus einer völlig anderen Zeit zu stammen.

- Was macht es aus, dass wir die Werbeanzeige nicht als modern empfinden?
- In der Kunstgeschichtsschreibung werden die Begriffe
  - „Moderne“
  - „klassische Moderne“
  - „Postmoderne“

  gebraucht. Mache dich über die Begriffe kundig. Wie würdest du unser Heute nennen?
- Findet Argumente: Kann etwas immer „modern“ bleiben?

Coca-Cola Werbung, 1955

Bildbeispiel aus: Catherine Balet: Identity: Dress codes in European Schools 2004–2006

Betrachten und besprechen

- Überprüfe die drei Kriterien des Design an der Abbildung auf dieser Seite.
- Wer bestimmt eigentlich, was modern ist? Bist du das selbst?
- Macht eine Modenschau mit Kleidern, die euch persönlich gefallen. Bewertet die einzelnen Stücke nach den drei Kriterien des Design.
- Entwirf Mode,
  - die genau zu dir passt. Kläre Funktion, Ästhetik und Image.
  - für bestimmte Situationen oder bestimmte Persönlichkeiten. Begründe deine Gestaltungsentscheidungen.
  - für die Zukunft. Warum könnte sie modern werden?

ALLES IST MÖGLICH

Mode zu entwerfen ist eine Designaufgabe. Dabei sind drei Kriterien zu beachten:

Die **FUNKTION** des Designobjektes muss gewährleistet sein.

Die **ÄSTHETIK** muss stimmen: Zumindest einer bestimmten Zielgruppe muss das Objekt gefallen.

Das Produkt muss ein **IMAGE** entwickeln, es muss z. B. modern oder wertvoll wirken.

Schön?

Was empfinden wir als „schön"? Gibt es objektive Kriterien dafür?
In der Antike verwendete man die Begriffe „gut" und „schön" gleichbedeutend: Was gut war, war schön – was schön war, war gut.
Immanuel Kant hat im 19. Jahrhundert definiert, dass „schön" sei, was wir mit „interesselosem Wohlgefallen" ansehen, was uns also gefällt, auch wenn wir keinen persönlichen Nutzen davon haben.
Interessant ist die Frage, inwieweit Schönheitsideale Modeerscheinungen sind und wie sie sich bilden.
Das heutige Schönheitsideal wird von Models transportiert.

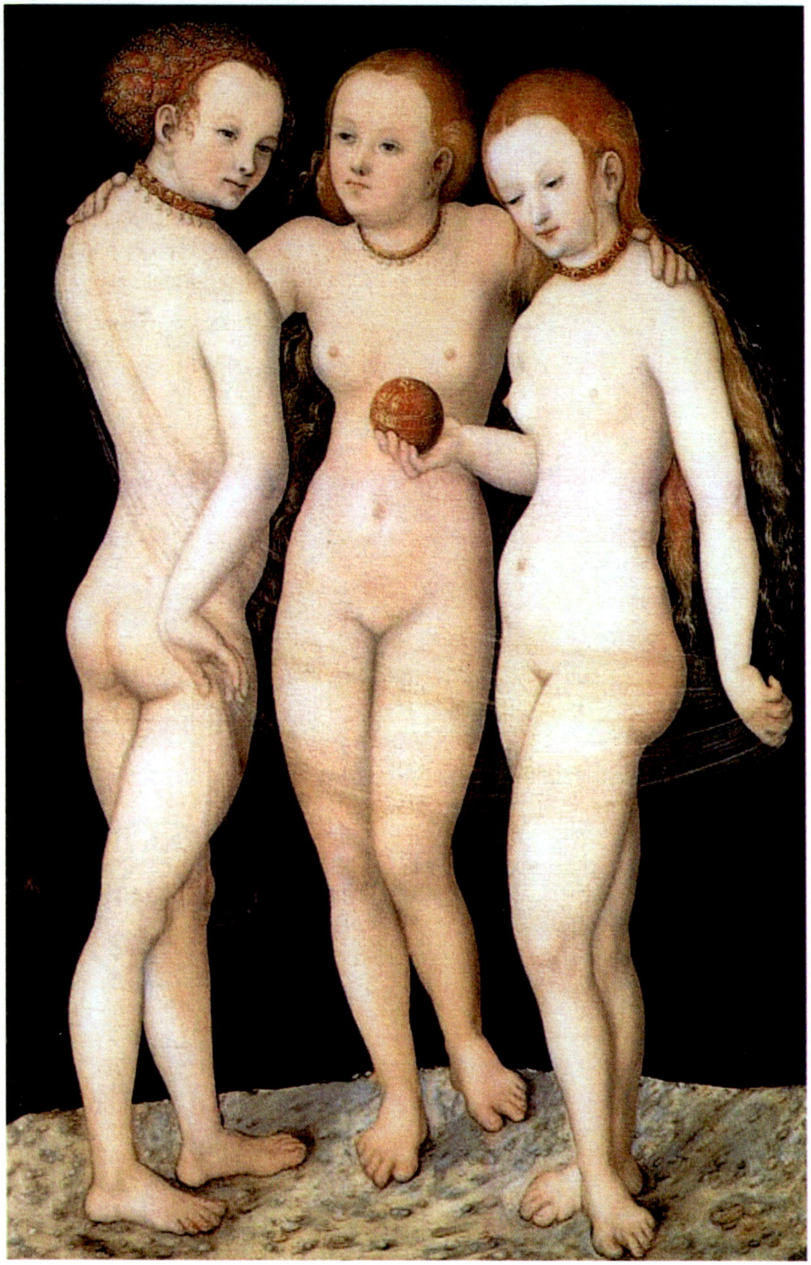

Lucas Cranach der Ältere: Die drei Grazien, um 1530 (57,5 x 38 cm)

Betrachten und besprechen

Die Abbildungen zeigen die „drei Grazien", die römischen Göttinnen der Anmut.

- Benennt die Unterschiede in der Darstellung des Schönheitsideals.
- Repräsentiert eine der Darstellungen auch unser heutiges Schönheitsideal? Suche Beispiele in Illustrierten und Modezeitschriften. Kann man etwas Typisches feststellen?

Raffael: Die drei Grazien, 1504/05 (17 x 17 cm)

Peter Paul Rubens: Die drei Grazien, 1636/38 (221 x 181 cm)

Heute existiert eine umsatzstarke „Beauty"-Industrie.
Mit Kosmetik und Schönheitsoperationen wird viel Geld verdient.
Ist Schönheit etwas Äußerliches?
Gibt es einen Unterschied zwischen „beauty" und „schön"?

Präsentieren und ausstellen

Was sind eure Kriterien für „Schönheit"?
Macht Fotos, sammelt Gegenstände, die ihr schön findet, sucht Texte und Aussagen zur Schönheit und macht eine Ausstellung zum Thema.

Urteil und Fehlurteile

Auch ästhetische Werturteile sind häufig sehr subjektiv und zeitabhängig. Ein gutes Beispiel liefert die Kunstkritik von A. Wolf zum Impressionismus aus dem Jahr 1876. Heute gehört der Impressionismus zu den beliebtesten Stilrichtungen.

„Die Straße le Peletier hat Pech. Nach dem Brand der Oper ist nun ein neues Schrecknis über den ganzen Bezirk hereingebrochen. In der Kunsthandlung Durand-Ruel wurde gerade eine Ausstellung mit sogenannter Malerei eröffnet. Der harmlose Passant wird durch den Fahnenschmuck des Hauses hineingelockt, aber welch trauriges Schauspiel bietet sich seinen entsetzten Augen dar! Ein Häuflein unglücklicher Geschöpfe, fünf oder sechs Wahnsinnige, darunter auch eine Frau, geschlagen vom Größenwahn, stellen dort ihre Werke aus. Einige Besucher platzen vor Lachen angesichts dieser Dinge, ich persönlich bin bedrückt davon. Diese eigenwilligen Künstler heißen sich selbst kompromisslose Eindrückler (Impressionisten). Sie nehmen eine Leinwand und feuern mit Pinsel und Palette auf gut Glück ein paar Kleckse darauf, worauf sie das Ganze signieren.

Es ist ein erschreckendes Schauspiel, wenn die menschliche Einbildung in Narretei umschlägt. Versuchen Sie nur, Herrn Pissaro klarzumachen, dass Bäume nicht violett sind, dass der Himmel nicht die Farbe frischer Butter hat, dass man nirgends auf der Welt Dinge sieht, wie er sie malt, und dass doch niemand Normaler solche Verirrungen akzeptieren kann.

Oder versuchen Sie, Herrn Degas zu überzeugen, dass in der Malerei bestimmte Dinge, wie Zeichnung, Farbe, Ausführung oder Komposition, existieren. Aber seien Sie vorsichtig, denn er lacht Sie aus und hält Sie für einen Reaktionär.

Oder versuchen Sie es mit einem dritten, mit Herrn Renoir vielleicht, und sagen Sie ihm einmal, dass ein Frauenkörper etwas anderes ist als eine Fleischmasse während der Verwesung, was die grünen und violetten Farben deutlich machen! [...]

Es ist einfach eine Ansammlung von Scheußlichkeiten, die man hier auf die Menschheit loslässt, ohne sich Gedanken über etwaige Folgen zu machen.

Gestern musste ein unglücklicher Besucher dieser Ausstellung verhaftet werden, da er plötzlich die Passanten zu beißen begann. Im Ernst, man muss diese armen Irren bedauern. Ich kenne einige von diesen beklagenswerten Eindrücklern, lauter liebenswürdige junge Leute, die sich allen Ernstes einbilden, ihren Weg gefunden zu haben. [...]"

Albert Wolff, Kunstkritiker in der Pariser Zeitung „Le Figaro" am 3.4.1875

Kunstkritik

- Habt ihr selbst einmal ähnliche Kritik geübt an Gegenwartskunst? Was waren eure Gründe?
- Warum schmunzeln wir heute über diese Kritik?

Wir lernen ein Leben lang. Unser Vorwissen, das wir bereits erworben haben, bildet die Basis für das weitere Lernen. Man bezeichnet diesen Prozess als den hermeneutischen Zirkel. Wenn man etwas ohne Kenntnis bewertet, kommt man leicht zu falschen Urteilen.
Ein Beispiel kann das deutlich machen:
Um einen französischen Text zu verstehen, muss man zunächst Französisch gelernt haben.
Genauso ist es mit der Kunst: Um Kunst zu verstehen, muss man erst etwas von Kunst wissen.
Welche Konsequenzen für die eigene Beurteilung von Kunst ergeben sich aus dem hermeneutischen Zirkel?

Pierre-Auguste Renoir:
Akt in der Sonne, 1875
(81 x 55 cm)

Anmaßung

Man muss nicht alle Kunstformen gut finden und natürlich darf man Kritik üben. Nie aber sollte es möglich sein, den eigenen Kunstgeschmack für alle verbindlich zu machen.
Dies taten die Nationalsozialisten während des „Dritten Reiches“. Sie missbrauchten die Kunst für ihre Ideologie.
Künstler, die ihnen nicht gefielen, wurden verboten und verfolgt. Im Jahr 1937, vier Jahre nach der Machtübernahme, veranstalteten sie in München eine Ausstellung unter dem Titel „Entartete Kunst“, in der sie in ganz Deutschland konfiszierte Bilder ausstellten und verhöhnten. Gleichzeitig eröffneten sie ebenfalls in München die „Große Deutsche Kunstausstellung“, zu der Adolf Hitler die Eröffnungsrede hielt.

Gequälte Leinwand –
Seelische Verwesung –
Krankhafte Phantasten –
Geisteskranke Nichtskönner

von Judencliquen preisgekrönt, von Literaten gepriesen, waren Produkte und Produzenten einer „Kunst“, für die Staatliche und Städtische Institute gewissenlos Millionenbeträge deutschen Volksvermögens verschleuderten, während deutsche Künstler zur gleichen Zeit verhungerten. So, wie jener „Staat“ war seine „Kunst“.

Seht Euch das an! Urteilt selbst!

Besuchet die Ausstellung

„Entartete Kunst“

Hofgarten-Arkaden, Galeriestraße 4

Eintritt frei Für Jugendliche verboten

Einlegeblatt in den Katalog zur „Großen Deutschen Kunstausstellung“ als Hinweis auf die benachbarte Ausstellung „Entartete Kunst“

Auszug aus der Eröffnungsrede von Adolf Hitler zur Eröffnung der „Großen deutschen Kunstausstellung“ 1937

„Mit der Eröffnung dieser Ausstellung aber hat das Ende der deutschen Kunstvernarrung und damit der Kulturvernichtung unseres Volkes begonnen. Wir werden von jetzt ab einen unerbittlichen Säuberungskrieg führen gegen die letzten Elemente unserer Kulturzersetzung. Sollte sich unter ihnen aber einer befinden, der doch noch glaubt, zu Höherem bestimmt zu sein, dann hatte er nun ja vier Jahre Zeit, diese Bewährung zu beweisen. Diese vier Jahre aber genügen auch uns, um zu einem endgültigen Urteil zu kommen. Nun aber werden – das will ich Ihnen hier versichern – alle die sich gegenseitig unterstützenden und damit haltenden Cliquen von Schwätzern, Dilettanten und Kunstbetrügern ausgehoben und beseitigt. Diese vorgeschichtlichen, prähistorischen Kultursteinzeitler und Kunststotterer mögen unseretwegen in die Höhlen ihrer Ahnen zurückkehren, um dort ihre primitiven internationalen Kritzeleien anzubringen.“

- Sammelt: Was werfen die Nationalsozialisten den „entarteten“ Künstlern vor?
- Was bedeutet es, die Werke anderer Menschen zu zerstören?
- Wäre eine solche staatliche Verfolgung von Kunst heute noch denkbar? Schau einmal im Grundgesetz, Artikel 5 nach.

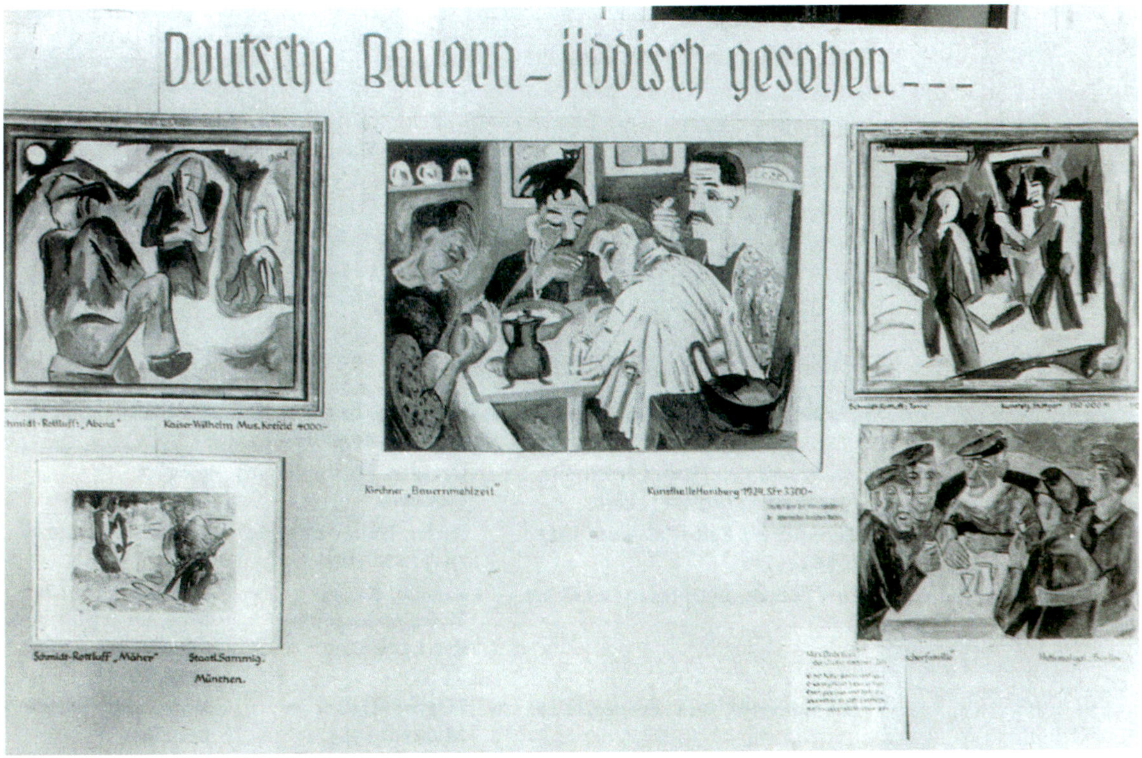

Fotodokument aus der Ausstellung „Entartete Kunst“ 1937

War was?

Die Nationalsozialisten verfolgten und vertrieben Künstler systematisch. Sie verhängten Berufsverbote, zerstörten Werke. Viele Künstler bezahlten ihre Kunst mit ihrem Leben. Linientreue Künstler wurden dagegen gefördert, z. B. Arno Breker. Er gestaltete die Skulptur „Die Bereitschaft". Sie wurde erstmals am 16.7.1939 ausgestellt, 6 Wochen vor Beginn des Zweiten Weltkrieges.

Adolf Hitler in einem Interview 1940

„Meine Pädagogik ist hart. Das Schwache muss weggehämmert werden. Es wird eine Jugend heranwachsen, vor der sich die Welt erschrecken wird. Eine gewalttätige, herrische, unerschrockene, grausame Jugend will ich. Schmerzen muss sie ertragen. Es darf nichts Schwaches und Zärtliches an ihr sein. Das freie, herrliche Raubtier muss erst wieder aus ihren Augen blitzen. Stark und schön will ich meine Jugend. Ich werde sie in allen Leibesübungen ausbilden lassen. So merze ich die Tausende von Jahren der menschlichen Domestikation* aus. Ich will keine intellektuelle Erziehung. Mit Wissen verderbe ich mir die Jugend. Aber Beherrschung müssen sie lernen. Sie sollen mir in den schwierigsten Proben die Todesfurcht besiegen lernen. Das ist die Stufe der heroischen Jugend. Aus ihr wächst die Stufe des Gottmenschen."

(* Domestikation = Umzüchtung von wilden Tieren zu Haustieren)

Arno Breker war nach dem Weltkrieg wieder erfolgreich und porträtierte z. B. den ersten Bundeskanzler Konrad Adenauer.
Er behauptete: „Der Ursprung meiner Plastik ist die Schönheit des menschlichen Körpers."

NS Kunst

- Vergleiche die Figur von Arno Breker mit der Worten Hitlers. Welche Gemeinsamkeiten kannst du erkennen?
- Beurteile Text und Skulptur vor dem Hintergrund der Geschehnisse des Zweiten Weltkrieges.
- Bewerte die Rechtfertigung Brekers.

Arno Breker: Bereitschaft, 1939, überlebensgroß

George Grosz: Kain oder Hitler in der Hölle, 1944 (99 x 124,5 cm)

Der Philosoph Adorno hat in Bezug auf die Literatur einen berühmten Satz gesagt: „Nach Auschwitz ein Gedicht zu schreiben, ist barbarisch." Kann man einfach weitermachen, als sei nichts geschehen?
Viele Künstler hatten das Gefühl, die Gräuel des „Dritten Reiches" nicht in Worte oder Bilder fassen zu können. Man sah die Gefahr, durch Bilder das Geschehene zu verharmlosen. Abstrakte Kunstformen, die von den Nationalsozialisten geächtet waren, wurden deshalb bewusst aufgegriffen und bestimmten die Kunstszene nach 1945.
Es gab auch Künstler, die Anklage erhoben. Zu ihnen gehörte einer der von den Nazis meistgehassten Künstler: George Grosz malte im amerikanischen Exil das Bild „Kain oder Hitler in der Hölle".

- Warum halten viele Künstler die Abstraktion für eine angemessene Kunstform nach 1945?
- Diskutiert: Muss Kunst politisch sein und sich zu aktuellen Gegebenheiten äußern?

Der **Goldene Schnitt** bezeichnet ein in der Natur häufig vorkommendes Proportionsverhältnis zweier Strecken(teile) zueinander und hat mathematisch ausgedrückt das ungefähre Zahlenverhältnis von 3:5 Teilen. Dieses ungleiche Teilungsverhältnis empfinden die meisten Menschen als sehr harmonisch. Messt einmal in Illustriertenabbildungen oder an euch selbst nach, ob der Mensch tatsächlich im „Goldenen Schnitt" proportioniert ist.

- Weist die Elemente des Kontrapost und der Ponderation in der Figur von Polyklet nach.
- Warum haben die Griechen und ihre Nachahmer die Figuren nackt dargestellt?
- Stelle dich selbst einmal in die Pose des Speerträgers. Wie fühlst du dich? Erprobe andere Haltungen auf ihren Ausdruck.
- Ist das klassische Menschenbild noch zeitgemäß? Diskutiert: Würdet ihr euch heute von einem Bildhauer in der Art des klassischen Menschenbildes porträtieren lassen?

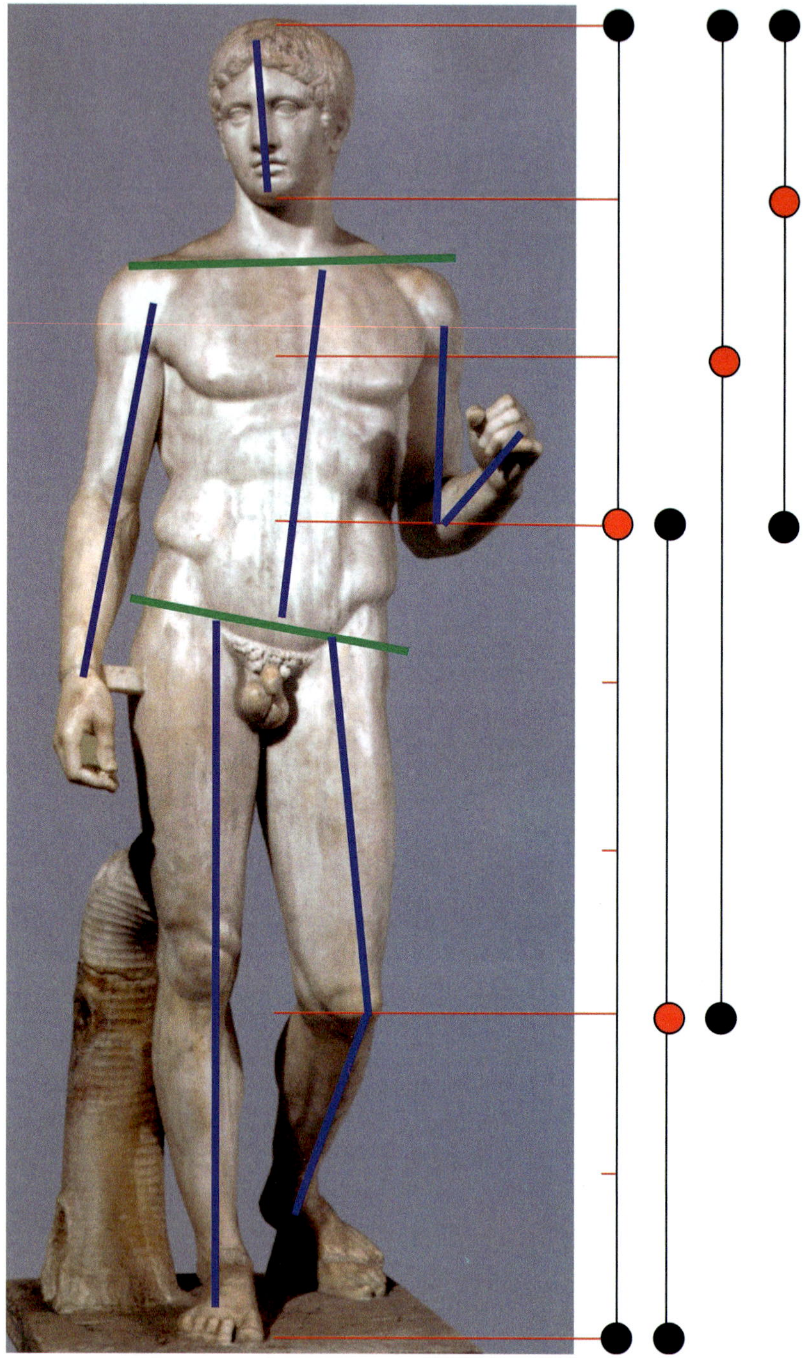

Polyklet: Speerträger (mit eingezeichneten Körperachsen und Angabe einiger goldener Schnittpunkte ●)

Ein alter Maßstab

Den Zeitraum zwischen ca. 600 und 300 vor Christus nennt man „Klassische Antike". „Klassisch" leitet sich vom lateinischen „classicus" ab und bedeutet so viel wie „herausragend".

In dieser Zeit vollbrachten die Griechen ihre größten Leistungen im Bereich der Literatur, der Philosophie und der bildenden Kunst. Die Kunst dieser Zeit ist bis heute immer wieder zum Maßstab bei der Gestaltung und Bewertung von Kunst gemacht worden.

Besonderes Kennzeichen dieser Epoche ist das Menschenbild.

In der Antike fand der Mensch sich zum ersten Mal selbst – und nicht nur die Götter – darstellungswürdig. Zur Zeit der Klassik wird er zum wichtigsten Gegenstand der Kunst.

Der Philosoph Protagoras (490–421 v. Chr.) formulierte den Satz „Der Mensch ist das Maß der Dinge".

Dieses starke Selbstbewusstsein gründet sich auf den enormen Erkenntnisgewinn der griechischen Philosophie und damit auf die Fähigkeiten des menschlichen Verstandes. Durch diesen kann nun die Welt erklärt werden und nicht nur durch den Glauben.

Auch die Kunst stand im Dienst des menschlichen Verstandes: Sie sollte belehren und Vorbilder geben.

Eine erste „Wiedergeburt" erlebte das klassische Menschenbild zur Zeit der Renaissance.

Ähnlich wie in der klassischen Antike entdeckte der Mensch im Humanismus die Fähigkeiten des menschlichen Verstandes wieder.

Ein zweites Mal lebte der klassische Gedanke um das Jahr 1800 im Zusammenhang mit der verstandes-orientierten Aufklärung wieder auf.

Man nennt die zugehörige Stilepoche Klassizismus.

Für die Darstellung ihres Menschenbildes hatten die Griechen eine eigene Gestaltungsweise gefunden, die im Speerträger von Polyklet sehr gut zu sehen ist.

Für die Griechen drückte sich das Ideal in Schönheit und Harmonie aus.

Dargestellt wurden nur junge und makellose Körper in idealen Proportionen. Bei der Umsetzung spielt der „Goldene Schnitt" eine besondere Rolle.

Die Figuren sind anatomisch sehr genau beobachtet und wirken nicht steif, sondern haben eine natürliche leichte Schritthaltung, bei der das Körpergewicht auf einem Bein ruht (Standbein) und das andere Bein nur locker aufgesetzt ist (Spielbein).

Dahinter steht der Harmoniegedanke der Griechen. Für sie entsteht Harmonie nicht durch Vermeidung, sondern durch den Ausgleich (Ponderation) von Gegensätzen (Kontrapost).

In der Figur des Speerträgers sind dies Elemente

- der Ruhe ↔ der Bewegung
- der Entspannung ↔ der Anspannung
- des Stehens ↔ des Schreitens.

Typisch ist auch der emotionslose Ausdruck der Skulpturen, die überlegen über den Dingen zu stehen scheinen.

Im 19. Jahrhundert formulierte der Kunsthistoriker Joachim Winkelmann:

„Das allgemein vorzügliche Kennzeichen der griechischen Meisterstücke ist endlich eine edle Einfalt und eine stille Größe, sowohl in der Stellung als im Ausdruck."

Vorbilder

Das Göttliche ◆ Johann Wolfgang Goethe

Edel sei der Mensch,
hilfreich und gut!
Denn das allein
unterscheidet ihn
von allen Wesen,
die wir kennen.

Heil den unbekannten
höhern Wesen,
die wir ahnen!
Ihnen gleiche der Mensch!
Sein Beispiel lehr' uns
jene glauben.

Denn unfühlend
ist die Natur:
Es leuchtet die Sonne
über Bös' und Gute,
und dem Verbrecher
glänzen wie dem Besten
der Mond und die Sterne.

Wind und Ströme,
Donner und Hagel
tauschen ihren Weg
und ergreifen
vorübereilend
einen um den andern.

Auch so das Glück
tappt unter die Menge,
fasst bald des Knaben
lockige Unschuld,
bald auch den kahlen
schuldigen Scheitel.

Nach ewigen, ehrnen,
großen Gesetzen
müssen wir alle
unseres Daseins
Kreise vollenden.

Nur allein der Mensch
vermag das Unmögliche:
Er unterscheidet,
wählet und richtet;
er kann dem Augenblick
Dauer verleihen.

Er allein darf
den Guten lohnen,
den Bösen strafen,
heilen und retten,
alles Irrende, Schweifende
nützlich verbinden.

Und wir verehren
die Unsterblichen,
als wären sie Menschen,
täten im großen,
was der Beste im kleinen
tut oder möchte.

Polyklet: Speerträger, römische Kopie
um 440 v. Chr. (212 cm)

Der edle Mensch
sei hilfreich und gut!
Unermüdet schaff' er
das Nützliche, Rechte,
sei uns ein Vorbild
jener geahneten Wesen!

1783

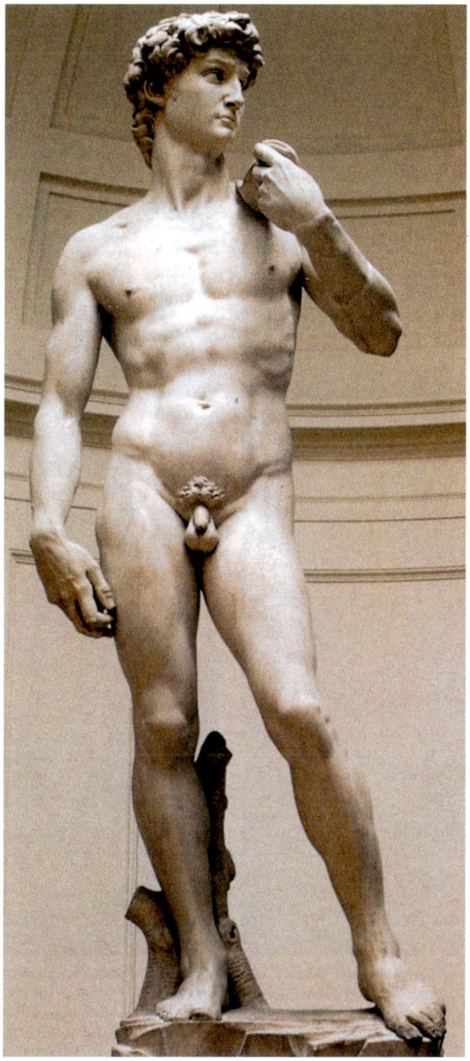

Michelangelo: David, 1501/04 (434 cm)

Bertel Thorvaldsen: Jason, 1803/28 (242 cm)

Die Frage „Was ist der Mensch?“ ist sehr schwer zu beantworten, da Menschen sehr verschieden sind.
Einfacher ist es, zu beschreiben, wie der Mensch sein soll.
Mit seiner Skulptur vom Speerträger hat der griechische Bildhauer Polyklet um 450 vor Christus ein Idealbild eines Menschen geschaffen,
das zum Vorbild für viele Bildhauer bis in die heutige Zeit geworden ist.
Dieses klassische Menschenbild wiederholt sich auch fast 2000 Jahre später in der Figur von Michelangelo und im Jahr 1800 in der Jasonfigur.
Aus dieser Zeit stammt auch das Gedicht von Goethe.

Betrachten und besprechen

- Zwischen den Skulpturen von Polyklet und Thorvaldsen liegen fast 2500 Jahre. Bestimme die Gemeinsamkeiten der Figuren.
- Woran erkennt man, dass es sich um Idealbildnisse handelt?
- Welche Aspekte des Gedichtes von Goethe finden sich in den Skulpturen?

Mehr Informationen über die Hintergründe und die Gestaltung des klassischen Menschenbildes findest du, wenn du die linke Seite aufklappst.

Immer neue Sichtweisen

Das klassische Menschenbild basiert auf Werten, die unseren Kulturkreis auch heute prägen. Dem hohen Anspruch wurde der Mensch in der Realität aber nie wirklich gerecht. Statt eines idealen Menschenbildes haben Künstler daher oft einen realistischen Blick auf die menschliche Existenz geworfen und auch die Schattenseiten des Lebens dargestellt.

- Bestimme die Unterschiede zwischen dem klassischen Menschenbild und der Darstellung von Duane Hanson im Hinblick auf den Inhalt und die Darstellungsweise.
- Argumentiere: Ist es sinnvoller, den Menschen so darzustellen, wie er ist, oder ist es besser, ihn zu zeigen, wie er sein sollte. Bestimme die Möglichkeiten und Grenzen des jeweiligen Ansatzes.

Duane Hanson: Obdachlose in Bowery, 1969/70 (lebensgroße Plastik)

Joseph Beuys: Mensch, 1972 (200 x 150 x 80 cm)

Joseph Beuys war sich bewusst, wie schwer es ist, eine allgemeingültige Aussage über den Menschen zu treffen. Bei seiner Installation hat er einen Topf, der mit Teer, Steinen und einem Telefon mit Kabel gefüllt ist, neben die Kreidetafel gestellt, auf die er das Wort „Mensch" geschrieben hat.

Betrachten und besprechen

Beim Werk von Beuys müssen wir uns selbst Gedanken machen, was wir unter „Mensch" verstehen.

- Warum verwendet Beuys eine Kreidetafel? Besprecht die besonderen Möglichkeiten dieser Gestaltung.
- Sucht gemeinsam nach möglichen Bedeutungen der beigefügten Attribute.

- Stellt das Werk von Beuys in der Schule an einem viel besuchten Platz für einige Zeit nach. Lasst auch ein Stück Kreide daneben liegen. Beobachtet und besprecht die Veränderungen am Werk.
- Wie würde deine Tafel aussehen? Welche Attribute würdest du hinzufügen? Entwirf ein skizzenhaftes Konzept.

Eingefangene Momente

Edgar Degas: Auf dem Rennplatz, 1877/80 (66 x 82 cm), Ölgemälde

Jedes Foto hält nur einen sehr kurzen Augenblick fest. Ärgerlich, wenn genau in diesem Moment jemand ins Bild hineinläuft. Genau das scheint im Bild von Edgar Degas zu passieren. Ihm ist allerdings kein Missgeschick beim Fotografieren unterlaufen, sondern er hat die Situation absichtsvoll so gemalt, weil er als Impressionist an diesen vergänglichen Momentaufnahmen interessiert war. Er gestaltet dazu eine „offene" Komposition, in der die Bildgegenstände angeschnitten sind. Das Bild wirkt dadurch sehr ausschnitthaft.

Benenne weitere Merkmale, die das Bild wie einen Schnappschuss wirken lassen.

Jaques Louis David: Napoleon überschreitet den großen St. Bernard-Pass, 1800 (272 x 232 cm)

Eigentlich ist auch das Bild von J. L. David voller Bewegung:
Napoleon, der seine Truppen von seinem erfolgreichen Afrika- und Italienfeldzug über die Alpen zurück nach Frankreich führt, sitzt auf einem steigenden Pferd, der Wind weht …
Trotzdem hat man das Gefühl, er würde ewig in dieser Haltung verbleiben. David hat die Bewegung im idealen Augenblick, dem fruchtbaren Moment – genau im Höhepunkt des Steigens – eingefroren. So sieht das Standbild sehr glaubhaft aus.
Das Bild wirkt wie ein gemaltes Reiterdenkmal. Seine Komposition ist „geschlossen", das Hauptmotiv ist vollständig im Bild zu sehen und regelrecht in das Bildformat eingebunden. Das Pferd muss in seiner Position verharren, denn sonst würde es nicht mehr ins Bild passen.

Fotografiere Bewegungen.
Suche nach dem „fruchtbaren Moment" oder erzeuge offene Kompositionen wie Degas.

Bleibende Erinnerungen

Friedrich Stüler, Carl Busse: Alte Nationalgalerie Berlin, 1866–76

Museum

Wir kennen die Kunst aus den vergangenen Jahrhunderten und sogar Jahrtausenden nur, weil sie sicher und gut bewahrt worden ist. Zunächst geschah dies in den Privatsammlungen der Herrschenden und der reichen Bürger. Erst nach der Französischen Revolution gab es die ersten öffentlichen Museen. Kunst sollte nun zur Bildung beitragen und Vorbilder liefern.

- Welche Kunst wird in der Alten Nationalgalerie in Berlin wohl ausgestellt? Überprüft eure Vermutungen im Internet.
- Was sagt es über das Kunstverständnis aus, wenn man von einem „Tempel der Kunst“ spricht? Welche Aufgabe soll Kunst haben?

Ein Tempel für die Kunst?
Tatsächlich erinnert der Bau der Alten Nationalgalerie an einen griechischen Tempel. Erbaut wurde sie aber nicht in der Antike, sondern zwischen 1866 und 1876.

Im antiken Griechenland wurden den Göttern Tempel errichtet. Die Grundrissform war ein Innenraum (Cella), in der die Götterstatue stand, mit einer Säulenvorhalle, die bei einem großen Tempel auch ein Säulenumgang sein konnte.
Die Cella durfte nur von den Priestern betreten werden, die Gläubigen brachten ihre Opfer auf einem Altar vor dem Tempel dar. Das Gebäude musste die Macht des Gottes daher nach außen repräsentieren.

Concordiatempel in Sizilien (um 440 v. Chr.)

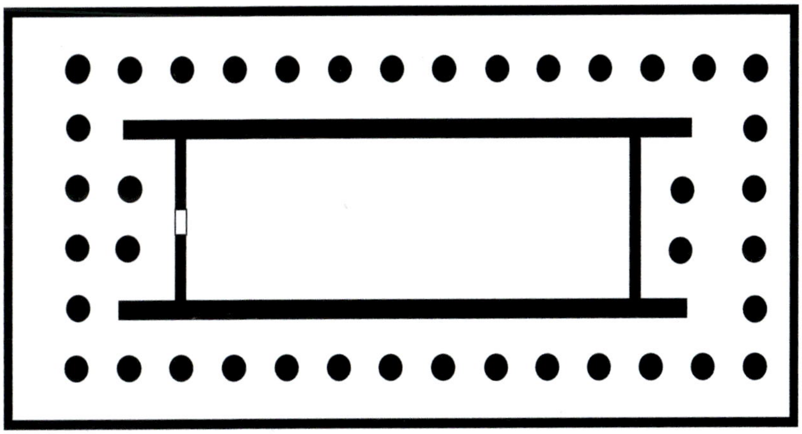
beispielhafter Tempelgrundriss

„Dass die bildenden Künste nicht bloß zum Vergnügen, sondern auch zur Bildung unseres sittlichen Gefühls vorzüglich vieles beitragen, ist gegenwärtig unter allen Kunstrichtern eine entschiedene Sache.
Ohne Nachfolge bleiben große und tugendhafte Thaten, wenn sie nicht von der Hand eines Künstlers im Marmor und Erz verewigt dem künftigen Betrachter lebhaft dargestellt werden …“

Bericht der Akademie in München

- Sicher hast du auch eine kleine Sammlung: Briefe, Souvenirs, Erinnerungsstücke …
  Mache eine Zeichnung von einem Museum für deine Sammlung.

Der Tod im Museum?

Die Aufgabe des Museums als Ort des Sammelns und Bewahrens war nicht immer unumstritten.
Zu Beginn des 20. Jahrhunderts forderten die Futuristen eine eindeutige Zukunftsorientierung.
1909 verfasste Tommassa Marinetti das „futuristische Manifest", in dem das deutlich zum Ausdruck kommt. Ein Ausschnitt daraus ist nebenstehend abgedruckt.

„[…] Schon zu lange ist Italien ein Markt von Trödlern. Wir wollen es von den unzähligen Museen befreien, die es wie zahllose Friedhöfe über und über bedecken.
Museen: Friedhöfe! … Wahrlich identisch in dem unheilvollen Durcheinander von vielen Körpern, die einander nicht kennen. Museen: öffentliche Schlafsäle, in denen man für immer neben verhassten oder unbekannten Wesen schläft! Museen: absurde Schlachthöfe der Maler und Bildhauer, die sich gegenseitig wild mit Farben und Linien entlang der umkämpften Ausstellungswände abschlachten! […] Ein altes Bild bewundern, heißt, unsere Sensibilität in eine Aschenurne schütten, anstatt sie weit und kräftig ausstrahlen zu lassen in Schöpfung und Tat. Wollt ihr denn eure besten Kräfte in dieser ewigen und unnützen Bewunderung der Vergangenheit vergeuden, aus der ihr schließlich erschöpft, ärmer und geschlagen hervorgehen werdet?
Wahrlich, ich erkläre euch, dass der tägliche Besuch von Museen, Bibliotheken und Akademien […] für die Künstler ebenso schädlich ist wie eine zu lange Vormundschaft der Eltern für manche Jünglinge, die ihr Genie und ihr ehrgeiziger Wille trunken machen. Für die Sterbenden, für die Kranken, für die Gefangenen mag das angehen: – die bewundernswürdige Vergangenheit ist vielleicht ein Balsam für ihre Leiden, da ihnen die Zukunft versperrt ist … Aber wir wollen von der Vergangenheit nichts wissen, wir jungen und starken Futuristen!
Mögen also die lustigen Brandstifter mit ihren verkohlten Fingern kommen! Hier! Da sind sie! … Drauf! Legt Feuer an die Regale der Bibliotheken! … Leitet den Lauf der Kanäle ab, um die Museen zu überschwemmen! … Oh, welche Freude, auf dem Wasser die alten, ruhmreichen Bilder zerfetzt und entfärbt treiben zu sehen! … Ergreift die Spitzhacken, die Äxte und die Hämmer und reißt nieder, reißt ohne Erbarmen die ehrwürdigen Städte nieder!"

- Diskutiert die Argumente der Futuristen.
- Was spricht dafür, die Vergangenheit doch zu bewahren?

Das Werk „Template" von Ai Weiwei musste kein Mensch zerstören. Das riesige Tor aus antiken Türen und Fensterläden chinesischer Häuser, die abgerissen worden waren, fiel bei einem Sturm 2007 in sich zusammen.

„Die Natur ist eben doch der fähigere Künstler. Die Arbeit soll so, wie sie ist, bis zum Ende der Documenta liegen bleiben."

(Ai Weiwei)

Betrachten und besprechen

- Ist das Kunstwerk mit dem Einsturz zerstört worden?
- Finde inhaltliche Begründungen für die Haltung Ai Weiweis zum Einsturz.
- Ist Ai Weiwei ein „Futurist"?

Robert Rauschenberg: Schwarzmarkt, 1961 (152 x 129 cm)

Robert Rauschenberg hat ein Werk mit dem Titel „black market" geschaffen. Die Assemblage besteht aus einer großen Holztafel, auf der vier nummerierte Klemmbretter angebracht sind. Unter der Tafel steht eine Holzkiste, in dieser liegen vier Stempel mit den Zahlen 1 bis 4, verschiedene Gegenstände, die mit diesen Zahlen bestempelt sind, und eine Anleitung. Auf dieser ist beschrieben, dass man als Besucher einen Gegenstand aus der Kiste nehmen darf, wenn man dafür einen neuen Gegenstand hineinlegt und ihn vorher mit der entsprechenden Zahl stempelt. Außerdem muss man auf dem jeweiligen Klemmbrett den entnommenen Gegenstand streichen und den neuen hinzufügen. Heute darf man im Museum das Werk nicht einmal berühren.

Betrachten und besprechen

- Diskutiert:
  Was wollte Rauschenberg mit seinem Werk?
  Ist es im Museum am richtigen Platz?
  Warum darf man es nicht mehr anfassen?

Interaktive Kunst

- Zwei Formen der Auseinandersetzung:
  - Baut das Werk von Rauschenberg nach und erweckt es in der Schule zu neuem Leben.
  - Verfasst eine Streitschrift dafür, dass man Robert Rauschenbergs „black market" wieder richtig nutzen kann.

Am 26. November 1965 führte Josef Beuys in der Düsseldorfer Galerie eine Kunstaktion durch:
Die Tür zur Galerie hatte Beuys verschlossen und die geladenen Gäste konnten die Aktion nur durchs Fenster beobachten. Ungefähr drei Stunden mussten sie in der Kälte vor der Galerie ausharren.
Beuys hatte sich den Kopf mit Blattgold bedeckt, hatte einen toten Hasen auf dem Arm und erklärte diesem die Objekte in der Ausstellung. Nach drei Stunden wurde das Publikum in die Galerie gelassen, Beuys saß dabei auf einem Hocker und hatte den Hasen auf dem Arm.
Für Beuys hatten die Dinge, die er in seinen Kunstwerken verwendete, fast immer eine symbolische Bedeutung.

Joseph Beuys: Wie man dem toten Hasen die Bilder erklärt, 1965, Foto der Aktion

- War Beuys die Ausstellung wichtiger oder seine Aktion?
- Was hat das Publikum erwartet? Warum ist es dageblieben?
- Kunstwerke wie das von Beuys: Wie kann man sie sammeln, wie bewahren? Taugt das Museum dazu?

Aufbrücke

Horizonte öffnen

Museumsgebäude sind heute oft selbst Kunstwerke. Der amerikanische Architekt Frank O. Gehry entwarf das Guggenheim-Museum in Bilbao für moderne Kunst. Es zieht jährlich fast eine Million Menschen an.
Das Museum dient weniger zur Ausstellung von Malerei und Plastik, sondern zeigt vor allem zeitgenössische Installationen, Video- und Computerkunst. Neben einer Dauerausstellung werden viele Wechselausstellungen präsentiert.

Frank O. Gehry: Guggenheimmuseum Bilbao, 1993–1997

- Worin muss sich ein Museum für zeitgenössische Kunst von einem traditionellen Museum unterscheiden?
- Was müsste ein Museum zeigen, damit du es gerne besuchst?

Neben Museen zeigen vor allem Galerien, Ausstellungen und Kunstmessen zeitgenössische Kunst.

Seit 1950 findet in Kassel alle 4 bis 5 Jahr die „documenta“ als „Museum der 100 Tage“ statt. Es ist die wichtigste Ausstellungsreihe zeitgenössischer Kunst. Seit 1989 wird jede Ausstellung von einem neuen Leiter zusammengestellt, der Künstler aus aller Welt einlädt.

Logo der Documenta 10, 1997

Logo der Documenta 9, 1992

Logo der Documenta 11, 2002

- Viele mögliche Fragen:
  - Warum ist es sinnvoll, immer einen neuen Leiter zu bestimmen?
  - Warum hat jede „documenta“ ein neues Logo?
  - Warum dauert die Ausstellung 100 Tage?
  - Warum findet die „documenta“ nicht jedes Jahr statt?
- Welche Kriterien würdest du bei der Auswahl der Künstlerinnen und Künstler anwenden?

Logo der Documenta 12, 2007

So geht das nicht weiter

Es gehört zum Wesen der Kunst, nicht nur Gegebenes darzustellen und zu kommentieren, sondern nach neuen Wegen und Möglichkeiten zu suchen. Häufig fühlt sie sich als Avantgarde, die eine Vorreiterrolle übernimmt.
In Dresden bilden vier Architekturstudenten zu Beginn des 20. Jahrhunderts die Künstlergemeinschaft „Die Brücke“.
Ihr Programm kannst du auf dieser Seite lesen.
Der Expressionismus entstand zur Zeit des deutschen Kaiserreichs. Es gab damals ein ausgeprägtes Obrigkeitsdenken, in der Gesellschaft herrschten Prüderie und strenge sittliche Maßstäbe. Benimmregeln und andere Äußerlichkeiten bestimmten die Menschen. In der Mode wird dies z. B. erkennbar: Frauen durften keinen Bauch zeigen und zwängten ihre Körper in enge Korsetts, um das Schönheitsideal der Zeit erfüllen zu können.
Die Expressionisten empfanden dies alles als verlogen und betonten dagegen den Wert der Natürlichkeit und Ursprünglichkeit.

Programm der Künstlergemeinschaft Brücke, 1906, Holzschnitt

Max Pechstein:
Das gelbschwarze Trikot,
1909/10 (68 x 78 cm)

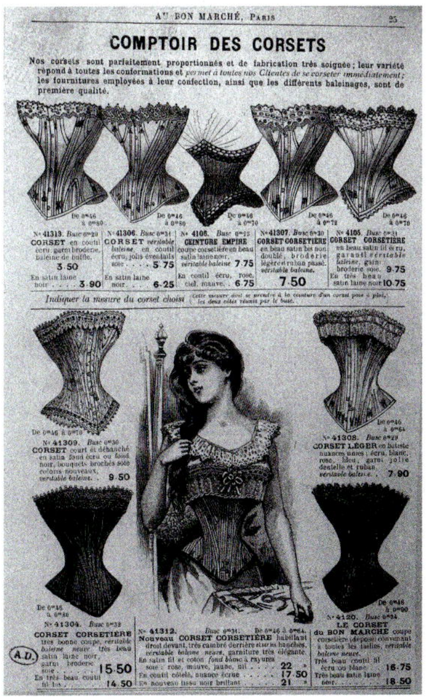

Korsettmode um 1900

- Wen sprechen die Expressionisten in ihrem Programm an? Von wem grenzen sie sich ab?
- Versuche, Aussagen aus dem Programm der Brücke im Bild von Max Pechstein wiederzufinden. Beziehe dich dabei auf das Motiv und die Art zu malen.
- Schreibe ein „Programm“ für heutige junge Künstler. Was sollen sie anders machen?

Auf der Suche

> „Meine alten Arbeiten interessieren mich nicht mehr […]
> Ich bin viel neugieriger auf die Bilder, die ich noch nicht gemalt habe […]“

Pablo Picasso

Pablo Picasso war ein sehr schöpferischer Künstler. Er hat in seinem Leben fast 2000 Bilder gemalt, sein Gesamtwerk umfasst ca. 50000 Werke.
Wenn du bei der Bildersuche im Internet „Picasso“ eingibst, wirst du allerdings sehr viele unterschiedliche Bilder finden, die sich in ihrer Machart gar nicht ähnlich sehen. Picasso ist nicht gleich Picasso.

> „Warum, glauben Sie, datiere ich alles, was ich mache? Weil es nicht genügt, die Arbeiten eines Künstlers zu kennen, man muss auch wissen, wann, warum, wie und unter welchen Bedingungen er sie schuf. […] Es ist mir wichtig, der Nachwelt eine möglichst vollständige Dokumentation zu hinterlassen. […] Nun wissen Sie, warum ich alles, was ich mache, datiere.“

Pablo Picasso

Pablo Picasso: Die Erstkommunion, 1895/96 (166 x 118 cm)

Schon im Alter von 14 Jahren konnte er meisterhaft malen, wie man an seinem Bild von der Erstkommunion sehen kann. Wenn du es mit den Werken auf der nächsten Seite vergleichst, kannst du wesentliche Schritte seiner Entwicklung erkennen.

Pablo Picasso 1905: Die Artisten
(90 x 71 cm)

Pablo Picasso 1915: Harlekin
(183,5 x 105,1 cm)

Pablo Picasso 1968: Pfeifenraucher
(146 x 88,8 cm)

Betrachten und besprechen

- Beschreibe die Veränderungen, die du im Werk von Picasso beobachten kannst. Im Internet findest du viele weitere Bilder.
- Diskutiert: Warum malt Picasso nicht weiter im Stil des Bildes von der „Erstkommunion"?
- Picasso begründet, warum er seine Bilder datiert. Versucht anhand der Bilddatierungen herauszufinden, unter welchen „Bedingungen" die Werke entstanden sind. Eine Biografie findest du auf Seite 158 f. im Buch.
- Nutze die Bildersuche in einer Suchmaschine zu anderen Künstlern. Sind ihre Werke ähnlich unterschiedlich oder haben sie einen einheitlichen Stil? Wie bewertest du das?

Ich war eine Zeitung

Im 20. Jahrhundert hat sich auch das Verhältnis von Kunst und Wirklichkeit maßgeblich verändert. Picasso war an diesem Prozess stark beteiligt.
Er sah nicht wie viele Maler seine Aufgabe darin, in den Bildern eine Illusion der Wirklichkeit zu schaffen. Er fand in dem von ihm mitentwickelten synthetischen Kubismus einen völlig anderen Ansatz:
Er fügte Flächen so zusammen, dass sie beim Betrachter die Vorstellung eines Gegenstandes aus der Wirklichkeit hervorrufen. Er bildete Wirklichkeit nicht ab, sondern erschuf eine neue. Er steigerte diesen Prozess in seinen Collagen noch, indem er begann, Materialien aus der Realität in seine Werke aufzunehmen, die dabei ihre ursprüngliche Funktion verloren und nur noch als Flächen in der Kompositi-on dienten.

Kunstbegriff

> „Ich verwende in meinen Bildern alle Dinge, die ich gerne habe. Wie es den Dingen dabei ergeht, ist mir einerlei – sie müssen sich eben damit abfinden."

Picasso

Pablo Picasso: Die Gitarre, 1912 (66,3 x 49,5 cm)

Später gingen einige Künstler noch weiter. Sie nahmen reale Gegenstände aus der Wirklichkeit und erklärten diese zur Kunst.
Auch das Werk „La Zappa" von Josef Beuys ist ein solches Ready-made oder Objet trouvé.
Beuys hat 35 handelsübliche Hacken gekauft, diese mit dem Brandzeichen „FIU+" versehen und signiert.
FIU steht für „Free International University", einem Verein, der von Beuys mitgegründet wurde und ein Ort des Forschens über die gesellschaftliche Zukunft sein sollte. Das „+" steht für positive Energie.

Betrachten und besprechen

- Haben Zeitungsausschnitt und Hacke noch ihre ursprüngliche Bedeutung, nachdem sie zum Kunstwerk wurden?
- Bei Beuys haben die Dinge eine symbolische Bedeutung. Wozu braucht man eine Hacke eigentlich? Stelle eine Verbindung zu „FIU+" her.
- Kann man das Zitat von Picasso auch auf das Werk von Beuys anwenden?
- Welchen Vorteil hat es für den Betrachter, wenn er Elemente seiner Wirklichkeit im Kunstwerk wiederfindet?
- Könnte die Hacke von Beuys auch in einem Gartenbaumarkt ausgestellt werden?

Erklärt selbst Fundstücke zu Kunstwerken und erläutert, welche neue Bedeutung sie gewonnen haben und was sie noch mit der Wirklichkeit zu tun haben.

Joseph Beuys: La Zappa (Die Hacke), 1978, (88 x 22 x 7 cm)

Was der Bauer nicht kennt …

Museen und Ausstellungen können Kunst zeigen – sich damit auseinandersetzen müssen aber die Besucher und Betrachter.
Kunstwerke wollen oft neue Sichtweisen auf die Welt beim Betrachter provozieren.
Sie sollen den Betrachter dazu bringen, dass er sich eigene Gedanken macht. Dabei kann man natürlich nicht nur Altbekanntes immer wiederholen.

Museumsbesucherinnen vor einem Werk von Anselm Kiefer

Besucherschule der Documenta 6:

(Bazon) Brock als Kellner im Lokal d6.
Ein männlicher Gast:
„Herr Ober“,
„Ja.“
„Kommen Sie doch bitte mal her.“
„Bitte schön.“
„Sagen Sie mal, ich habe hier Gulasch bestellt …“
„Das habe ich Ihnen doch auch gebracht.“
„Das ist kein Gulasch.“
„Doch, das ist unsere Art, Gulasch zu bereiten.“
„Das ist weder Fleisch noch sonst etwas; es schmeckt eher wie Sauerkraut.“
„Ja, unser Koch hat eben Gulasch sehr stark mit Sauerkraut gemacht, damit es eine andere Geschmackskomponente bekommt.“
„Entschuldigen Sie mal, ich habe das nicht bestellt.“
„Doch, Sie haben Gulasch bestellt.“
„Ich habe aber kein Gulasch bekommen.“
„Oh doch, Gulasch, wie wir es machen.“
„Hören Sie mal zu, wollen Sie mich eigentlich auf den Arm nehmen?“
„Oh nein, ich kann Ihnen doch nur das bringen, was wir als Gulasch haben.“
„Hören Sie mal zu, wenn ich hier in ein Lokal komme und erwarte Gulasch, was ich bestellt habe, dann erwarte ich nicht, dass Sauerkraut auf den Tisch kommt.“
„Ja, aber wir können Ihnen nur das geben, was wir kochen, nämlich unsere Art, Gulasch zu machen. Es gibt eben nun mal verschiedene Arten, Gulasch zu machen.“
„Hören Sie mal zu: Wenn ich jetzt bezahle und gebe Ihnen gebrauchte Kinokarten, sind Sie damit zufrieden, wenn ich Ihnen sage, das ist Geld?“
„Ich hoffe, Sie werden mit Geld bezahlen, Geld ist Geld, aber Gulasch kann auf sehr verschiedene Arten bereitet werden.“

„Aber wieso, ich sage Ihnen, das ist Geld."

„Ja kommen Sie denn nicht in unser Restaurant, weil wir eine ganz besondere Art haben, Gulasch zu machen? Sonst brauchen Sie doch gar nicht hierherzukommen."

„Hören Sie mal, das ist Betrug."

„Nein, das ist Gulasch."

„Nein, das ist kein Gulasch, das ist Betrug. Holen Sie mal den Geschäftsführer."

„Bitte schön!"

Dieselben am gleichen Ort:

„Herr Ober, kommen Sie mal her, bitte."

„Ja bitte ..."

„Hören Sie mal, ich habe vorhin bei Ihnen Gulasch bestellt."

„Ja, ich habe Ihnen auch eines gebracht."

„Meinen Sie wirklich?"

„Oh ja, das ist unsere besondere Art ..."

„Das sieht aber nicht aus wie Gulasch, schmeckt nicht wie Gulasch, sondern eher wie Sauerkraut oder etwas Ähnliches."

„Es mag zwar nicht so aussehen, aber es ist eine besondere Art, Gulasch zu bereiten."

„Wollen Sie mich auf den Arm nehmen?"

„Oh nein, ganz und gar nicht."

„Es entspricht nicht meinen Erwartungen. Wenn ich in ein Lokal komme und bestelle Gulasch und bekomme etwas anderes serviert ..."

„Ist es nicht schön, dass Sie etwas anderes bekommen, als Sie erwartet haben, sonst brauchten Sie gar nicht zu uns zu kommen."

„Ja, das stimmt. Es hat mir wirklich ausgezeichnet geschmeckt."

„Aha, schön, ich werde es dem Koch sagen."

„Wenn ich die Speisekarte aufmache und bestelle bei Ihnen Omelette, französische Art, Bauernteller, Champignonmus, dann bekomme ich wahrscheinlich auch etwas anderes. Aber wissen Sie, es gefällt mir eigentlich in Ihrem Lokal."

„Eben, das ist unsere spezielle Art, Speisen zuzubereiten."

„Hervorragend, das gefällt mir."

„Danke schön."

„Bringen Sie mir noch eine Portion."

Land Art

* Rock Balancing
* Kunst = Natur + Kultur + Gestaltung

Zusammenstellen

* Aus einzelnen Teilen
* Vorher – nachher – gleichzeitig

Die innere Landschaft

* Gefühlslandschaft
* Glühende Häuser im Wasser
* Gedankenlandkarten

Für seine Zwecke nutzen

* Kaufen Sie diese Landschaft
* Eine Idylle schaffen
* Die Idylle brechen

Landschaften

Thomas Wrede: Canyon, 2007

Ein Reisebus parkt vor einer beeindruckenden Felslandschaft? Nicht alles ist, wie es scheint: Spielzeugauto und Modellhäuschen lassen diese besondere Welt entstehen. Die Felsen sind in Wirklichkeit nur kniehoch.

Für seine Zwecke nutzen

- Sammelt Bilder, die Landschaften zeigen.
- Ordnet die Begriffe zu. Welche Begriffe kommen selten oder gar nicht vor?
- Welches dieser Bilder würdest du dir im Zimmer aufhängen?

Vorstellung Wirklichkeit Weite Natur Vergangenheit
Gegenwart Hektik Enge Alltag
Erholung
Entspannung Kultur Freiheit Schönheit
Zwang Sehnsucht

Kaufen Sie diese Landschaft

Fließt Milch aus Baumstämmen? Wo haben sich die Kühe versteckt? Diese Milchwerbung spricht nicht den Verstand an, sondern unsere ästhetische Empfindung. In der Fachsprache nennt man das Imagewerbung. Das Produkt wird über die Kombination mit dem Hintergrundbild mit positiven Eigenschaften verbunden.

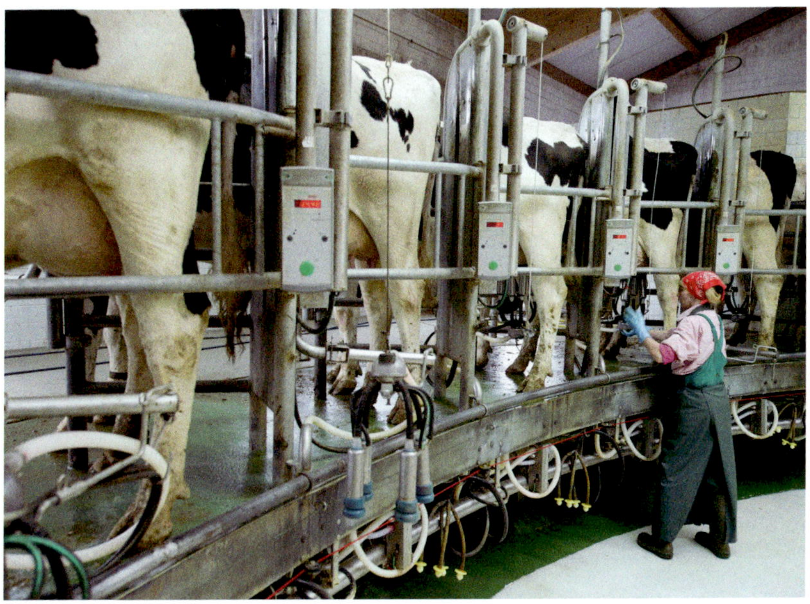

- Welches Image erzeugt die Werbeanzeige? Sammelt Begriffe, die ihr der Landschaft zusprechen würdet. Passen sie auch zu dem Produkt?
- Die Melkanlage zeigt, wie „erfrischend echt" Milch erzeugt wird. Warum wird so ein Bild nicht als Hintergrund eingesetzt?
- Sucht weitere Anzeigen, die Landschaften zu Werbezwecken nutzen. Untersucht, welches Image dort erzeugt wird.

Eine Idylle schaffen

Ähnlich wie die Werbung heutzutage gaben Künstler ihrer Sehnsucht nach einer heilen Natur schon im 17. Jahrhundert Ausdruck. Die Landschaft ist nicht nur Hintergrund, sondern wird als intakte Sehnsuchtslandschaft inszeniert. Beim Betrachten sehen wir also keinen wirklichen Ort, sondern einen idealen, der so vom Künstler erfunden wurde und nur im Bild existiert.

Die sanft geschwungenen Landschaften bei Rom dienten Lorrain als Anregung für seine Bilder.

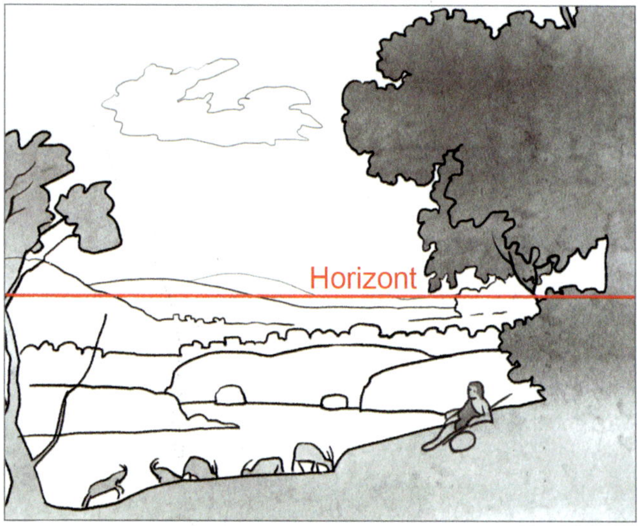

Der Hirte im Vordergrund verkörpert das einfache Leben. Er ist verbunden mit der Natur und lebt mit ihr im Einklang.

Ideale Landschaft

Betrachten und besprechen

Lorrain hat seine Ideallandschaft kunstvoll komponiert. Mache dich auf die Suche nach den bildnerischen Mitteln, die er dazu einsetzt.

- **Die Farbigkeit**
  Lorrain war für das Einfangen des Sonnenlichts berühmt. Vergleiche Gemälde und Fotografie: Welche Tageszeit wurde gewählt? Welche Auswirkungen hat dies auf die Farbe (Farb- und Luftperspektive)?
- **Der Raum**
  Vergleiche die raumschaffenden Mittel. Beachte dabei die Lage des Horizontes.

Claude Lorrain: Flusslandschaft mit Ziegenhirt und Herde, um 1640–1645 (39,5 x 53 cm)

- **Die Bildfläche**
  Die Bäume am Rand des Formats stehen dort nicht zufällig. Welche Funktion haben sie für das Bild?
- **Der Bildgegenstand**
  Warum setzt Lorrain den Hirten nicht in eine gewittrige Heidelandschaft?

- Wie sieht deine Idylle aus? Gestalte dich in deiner Lieblingslandschaft. Geeignete Techniken: Acrylmalerei, Collage, Übermalung von Kalenderblättern.

Die Idylle brechen

Nicht alles, was idyllisch aussieht, ist harmlos. Der Künstler Klaus Staeck protestierte mit einem Plakat gegen ein geplantes Atommülllager unter der Lüneburger Heide. Er nutzt in seinen Collagen Abbildungen aus Zeitschriften und Postkarten und verändert ihre Aussage, indem er sie durch ungewöhnliche Bildtitel kommentiert. Diese stellt er als Plakate auf ganz normalen Litfasssäulen aus oder verbreitet sie als Postkarten.

Postkarten mit blühendem Heidekraut dienen als Vorlage. Der Zeitungsausschnitt zeigt das gewünschte Symbol.

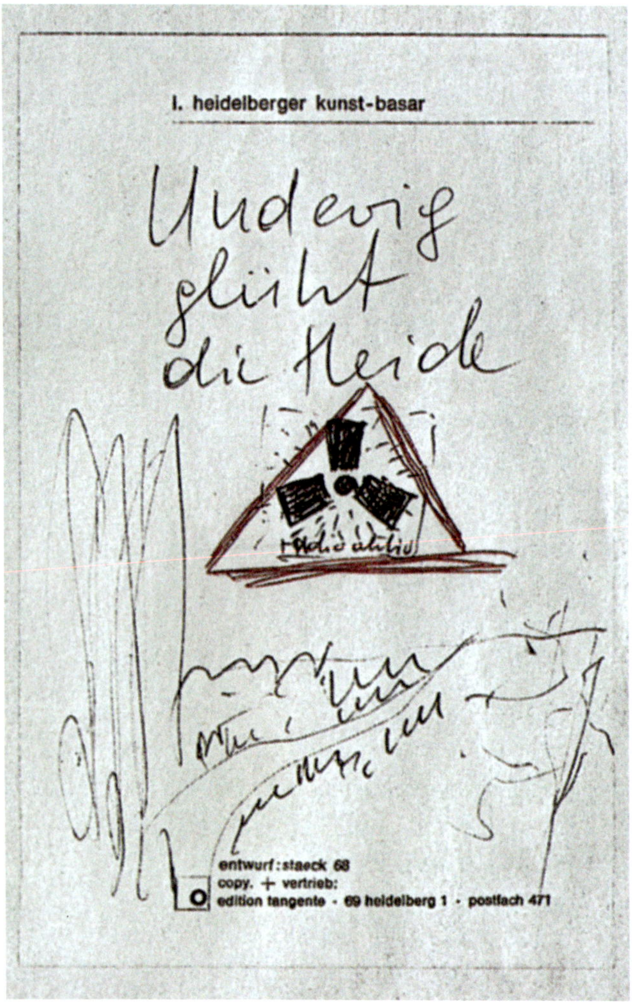

KONTROLLBEREICH

STRAHLUNG
Offene radioaktive Stoffe
Kernbrennstoffe

Die Nutzung der Kernenergie ist ohne Risiko möglich: In USA wird ein neuer Reaktor-Typ erprobt, der keine Gefahren für Mensch und Umwelt birgt. Der Konstrukteur schildert sein Projekt.

WELT-Report III

[redacted]

Die Ideenskizze zeigt das Wortspiel mit den Begriffen „blühen" und „glühen".

Ein Baum wird aus einer weiteren Postkarte entfernt …

… und taucht im gewählten Ausschnitt wieder auf.

Das fertige Plakat von 1977

Auch heute gibt es unsichtbare Gefahren. Suche bedrohte Landschaften und mache durch Hinzufügen von weiteren Zeichen, von Text oder Bildern auf diese Bedrohung aufmerksam.

Die innere Landschaft

Gefühlslandschaft

Titelbild: Süddeutsche Zeitung Magazin Nr. 37/2010, Klaus Fürmaier

Titelbild: Der Spiegel, Heft 19/1995

Beim Anblick von Landschaften halten wir oft inne oder sind überwältigt. Wir sind dann ganz in der Hand unserer Gefühle, die uns mit der Umgebung verbinden. Die Künstler der Romantik haben sich dies zum Thema gemacht.

Diese beiden Titelbilder haben ein berühmtes Vorbild. Ihr findet es auf der Seite 36.

- Vergleicht die drei Bilder. Teilt sie untereinander auf und schreibt innere Monologe, die die Gedanken der jeweiligen Person darstellen.

„Ich will nicht die Bäume und Berge abschreiben, sondern mein Gemüt, meine Stimmung, die mich in dieser Stunde regiert, diese will ich mir selber festhalten und den übrigen Verständigen mitteilen.“

Aus Ludwig Tieck: Franz Sternbalds Wanderungen, 1798

Caspar David Friedrich: Frau in der Morgensonne, 1818 (22 x 30 cm)

- Was Ludwig Tieck über seine Absicht als Schriftsteller schreibt, trifft auch auf das Gemälde zu. Welche Mittel verwendet der Maler, um diese Absicht umzusetzen?
- Verdecke die Frau. Wie würde sich die Wirkung des Bildes ändern, wenn sie fehlt?
- „Die Rückenfigur ist eine Darstellungsform, durch die der Maler …“ Vervollständige den Satz.

Fotografiert euch selbst als Rückenfigur. Schneidet die Umform aus und sprayt euch mit dieser Schablone auf unterschiedliche Landschaftsbilder. Experimentiert mit verschiedenen Positionen der Figur im Bild und mit unterschiedlichen Landschaften.

Glühende Häuser im Wasser

Emil Nolde: Binnensee, 1910 (68 x 89,5 cm)

Emil Nolde (1867–1956) ist als Hans Emil Hansen auf die Welt gekommen und hat sich später nach dem Namen seines Geburtsorts benannt. Er gilt als ein Vertreter des Expressionismus. Für ein knappes Jahr war er auch Mitglied der Künstlergruppe „Die Brücke“, ging jedoch eigene Wege. Während des „Dritten Reiches“ galten seine Werke als „entartete Kunst“ und er konnte nicht ausstellen.
Seine Bilder sollten aus der Farbe heraus entstehen.

Emil Nolde: Binnensee, 1910, Detail

- Vergleicht das Bild von Claude Lorrain auf der Seite 129 mit dem Bild von Emil Nolde. Achtet dabei auf die Farbe, den Aufbau des Bildes, die Räumlichkeit, die Formen und den Pinselstrich.
- Wie ist es zu verstehen, dass das Bild „aus der Farbe heraus" entstehen sollte?

Gestalte ein Bild zu dem expressionistischen Gedicht von Alfred Lichtenstein. Suche aus dem Gedicht sprachliche Bilder, die du als Elemente direkt übernehmen kannst. Versuche offenen sprachlichen Bildern eine passende Form zu geben. Arbeite mit dicker Farbe und Spachtel.

In den Abend ◆ Alfred Lichtenstein

Aus krummen Nebeln wachsen Köstlichkeiten.
Ganz winzige Dinge wurden plötzlich wichtig.
Der Himmel ist schon grün und undurchsichtig
Dort hinten, wo die blinden Hügel gleiten.

Zerlumpte Bäume strolchen in die Ferne.
Betrunkne Wiesen drehen sich im Kreise,
Und alle Flächen werden grau und weise …
Nur Dörfer hocken leuchtend: rote Sterne –

Gedankenkarten

Die Stimmung und das Gemüt eines Menschen können nicht nur in Bildern ausgedrückt werden. Einen ungewöhnlichen Weg nahm Mademoiselle de Scudéry in ihrem Romanzyklus „Clélie". Die Abbildung daraus zeigt die Beziehungen der Menschen zueinander.

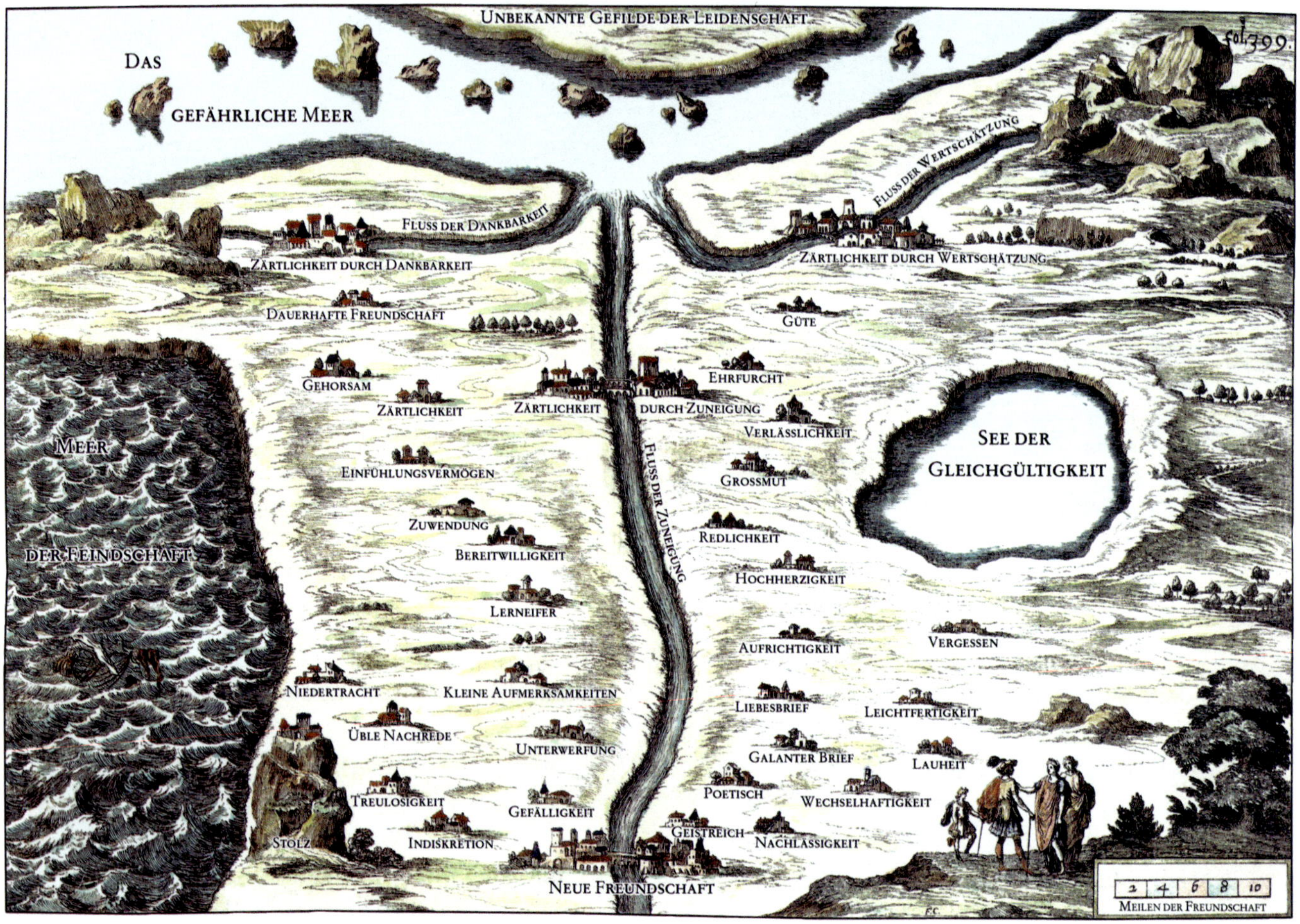

Carte du Pays de Tendre, 1654

Illustration

- Beschreibt in einem Gang durch das Bild, über welche Wege man zu neuer Freundschaft gelangt.

Carte du Pays de Tendre, 1654, Detail

Der Künstler Stephan Huber stellt seine Denkbewegungen und Einflüsse ebenfalls anhand von Karten dar. Diese stellt er so verschachtelt auf, dass der Raum wie seine Gedanken selbst zum Labyrinth wird.

Stephan Huber: Das Labyrinth in meinem Kopf, dargestellt anhand von Kartografie als Projekt im Fortgang, 2001 (je 300 x 150 x 30 cm)

ALLES IST MÖGLICH

Erstelle eine Gedankenlandkarte als topografische Illustration. Wichtig dabei ist, dass mehrere Wege zum Ziel führen können. Umwege lohnen sich dabei. Welche Klippen muss man überwinden, welche Durststrecken durchleben? Gibt es Orte, an denen man zwischendrin lieber wäre? Baue Möglichkeiten ein, an verschiedenen Stellen Kontakte zu knüpfen. Eine Mindmap kann dir als Grundlage für die Karte dienen.
Als Themen eignen sich Gefühle oder abstrakte Begriffe. Du kannst auch deine bisherige Schullaufbahn darstellen. Als Gemeinschaftsarbeit könnt ihr an vorher festgelegten Punkten die Karten miteinander verknüpfen.

Zusammenstellen

Aus einzelnen Teilen

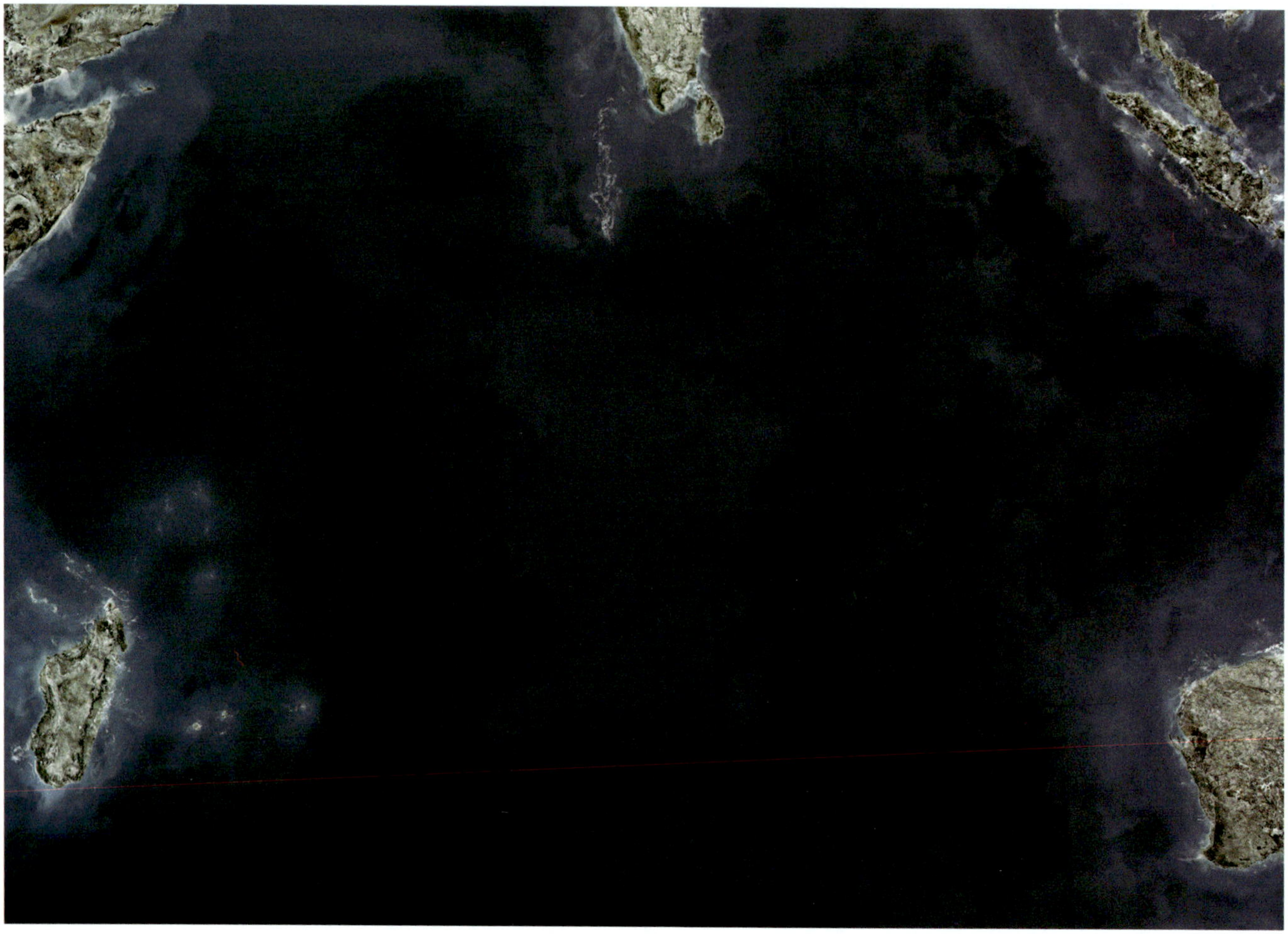

Andreas Gursky: Ocean I, 2010 (249,4 x 347,4 x 6,4 cm)

Auf die Idee, in einer Serie die Weltmeere zu zeigen, kam Gursky bei einem Flug nach Australien. Während des Nachtfluges schaute er auf den Boardbildschirm, der die Position des Flugzeuges über dem Meer zeigte. Dies könnte so wie auf dem rechten Kartenausschnitt ausgesehen haben. Doch für sein Werk hat der Fotograf aus vielen einzelnen Satellitenaufnahmen ein einheitliches Bild am Computer geschaffen.

Kartenausschnitt

- Wenn du Karte und Bild vergleichst, entdeckst du, wie Gursky in das Foto eingegriffen hat. Welches Verhältnis zwischen Wirklichkeit und Fotografie ergibt sich dadurch?
- Überlege, warum gerade die Ozeane als Bildausschnitt gewählt wurden.

David Hockney: Pearblossom Highway, 11–18th April, 1986 (119,4 x 163,8 cm)

Dem Künstler David Hockney fiel während einer tagelangen Autofahrt auf dem Pearblossom Highway bei Los Angeles auf, wie unterschiedlich man die Umgebung als Autofahrer und als Beifahrer erlebt. Er übersetzte dies in eine Fotocollage aus knapp 800 Einzelfotos. Um den Ort so festzuhalten, fotografierte er acht Tage lang.

Betrachten und besprechen

- Stelle dir den Herstellungsprozess des Bildes vor. Erkläre am Bild, warum der Künstler so lange zum Fotografieren brauchte.
- Wie hat Hockney seine Wahrnehmungserfahrung im Bild umgesetzt?

Großformatig gemalte Landschaften faszinieren und unterhalten seit dem 19. Jahrhundert die Menschen. Beim Betrachten hat man das Gefühl, direkt vor Ort zu sein und alles bis ins kleinste Detail betrachten zu können.
Heutzutage lassen sich beeindruckende Panoramen sehr leicht am eigenen Computer erstellen. Es gibt verschiedene Freeware, die das „Stitching-Verfahren" beherrschen. Das Beispiel unten zeigt den Berg „El Capitan" aus über 500 Einzelfotos. Man kann so nah an die Felswand heranzoomen, dass bisher schon 39 Bergsteiger entdeckt wurden.

Das Jerusalem Panorama Kreuzigung Christi, Altötting

- Erstelle selbst eine Fotocollage, die einen besonderen Ort vorstellt. Je mehr Dinge sich im Detail verstecken, desto aufregender.

Vorher – nachher – gleichzeitig

Das Gemälde von Konrad Witz ist im Grunde eine fast 600 Jahre alte Collage. Zwei Szenen aus der Bibel werden gleichzeitig dargestellt: Die Erscheinung Christus und der wunderbare Fischzug. Die Szenen werden vom See Genezareth an den Wohnort des Malers, den Genfer See, versetzt. Im Hintergrund ist der Mont Blanc zu sehen. Während die collageartige Darstellung der Szenen dem mittelalterlichen Geist entspricht, ist die genau wiedergegebene Landschaft schon ganz dem Geist der Renaissance verpflichtet.

Konrad Witz: Wunderbarer Fischzug Petri, 1444 (132 x 154 cm)

Schülerarbeit

- Beide Geschichten aus dem Gemälde von Witz findest du in der Bibel unter Johannes 21,1–11 und Lukas 5,1–11. Lies nach.
- Suche mithilfe des Kapitels „Eingeordnet" Beispiele für mittelalterliche und neuzeitliche Darstellungsformen.

Manchmal möchte man am liebsten mehrere Dinge gleichzeitig und sofort machen.

Simultanität

- Suche dir einen Ort, der dich zu bestimmten Handlungen veranlasst. Stelle gleichzeitig passende oder gegensätzliche Aktionen dar. Technische Hilfen findest du unter Klonbild.

Land Art
Gestalten in und mit der Landschaft

Rock Balancing

Beim Spazieren oder im Urlaub entdeckt man manchmal kunstvoll aufgestapelte Steine. Unter dem Stichwort „Rock Balancing" findet man im Internet eindrucksvolle Videos, die zeigen, wie solche Steinstapel entstehen.

- Schaut euch einige dieser Videos an und besprecht, warum so viele Menschen bei der Entstehung stehen bleiben und zuschauen.
- Probiert es selbst einmal. Wer von euch baut den höchsten und wagemutigsten Stapel?

Auf den nächsten Seiten lernt ihr verschiedene Künstler kennen, die Landschaft zu ihrem Thema gemacht haben. Lasst euch von ihnen anregen und entwickelt vor Ort eigene Ideen, die sich im Rahmen eines Projekts auch bei euch realisieren lassen. Mit Foto und Video könnt ihr eure Arbeiten dokumentieren.
Nehmt Rücksicht auf Natur und Nachbarn!

Kunst = Natur + Kultur + Gestaltung

Seit Ende der Sechzigerjahre des 20. Jahrhunderts gehen Künstler in Amerika und Europa in die Landschaft hinaus, um dort direkt mit der Natur zu arbeiten. Diese Kunstrichtung fasst man heute unter dem Begriff Land Art zusammen.
Der deutsche Künstler Wolfgang Laib zieht immer wieder durch die Landschaft, wenn Blumen und Sträucher blühen, und sammelt ihren Blütenstaub in Gläsern. Später werden die Pollen einer Art als reiner Farbteppich auf dem Boden der Ausstellung verstäubt. Sie ergeben einen so intensiven Farbton, dass der gesamte Raum davon „erleuchtet" erscheint.

Wolfgang Laib: Blütenstaub von Haselnuss, 1986 (320 x 360 cm)

Mit Farben gestalten   Dinge der Natur sammeln

Richard Long: Circle in Alaska, Beringstraße, 1977 (Treibholz am nördlichen Polarkreis)

Richard Long: A Line made bay walking, 1967

Spuren hinterlassen

Gleichartiges in eine neue Form bringen

Der Engländer Richard Long erwandert sich die Landschaft und arbeitet mit Steinen, Holz oder Grasbüscheln, die er vor Ort findet. So arbeitet er beispielsweise mit Treibholz, das er zu einer einfachen Kreisform legt. Diese fotografiert er. Der Kreis wird irgendwann von der Natur wieder zerstört und nur noch das Foto berichtet uns von dem Ereignis. Oder es entsteht nur durch stetiges Hin- und Herlaufen die Spur seiner Bewegung im Gras.

Mit dem Rasenmäher – mit der Schneeschaufel

Robert Smithson: Asphalt Rundown, Rom, 1969

Robert Smithson: Glue Pour, 1969

Robert Smithson gehört zu den ersten Künstlern, die außerhalb der Galerieräume mit Baggern, Planierraupen und Lastwagen in die Landschaft direkt eingreifen. Erde wird aufgeworfen und verschoben, tiefe Gräben werden gebuddelt oder Geröll in neuen Formen im Wasser angehäuft.

Robert Smithson: Spiral Jetty, 1970 (475 m)

- Beschreibe die Wirkung der Kunstwerke Longs und Smithsons auf den Betrachter.
- Zerstörerischer Eingriff oder Protest gegen die Entfremdung von der Natur? In welchem Verhältnis stehen die Werke zu ihrer Umgebung?

Wasser über Asphalt gießen

Das Künstlerpaar Christo und Jeanne-Claude zählte nicht im engen Sinn zu den Künstlern der Land Art, weil es nicht ausschließlich mit der Landschaft arbeitet. Trotzdem sind viele der bekannten Werke im Freien entstanden.
Die Ideen der Großprojekte des Künstlerpaares entstanden meist schon Jahre vor der eigentlichen Umsetzung. Durch Collagen und Skizzen, die die beiden vorab in Galerien verkauften, verdienten sie sich das Geld für das Projekt.

Doch bevor sie mit der Umsetzung beginnen konnten, vergingen oft noch Jahre der Überzeugungsarbeit.

Das Werk „Surrounded Islands“ in Miami bestand 1983 für zwei Wochen. Die Idee war, die früher einmal künstlich aufgeschütteten Inseln mit rosa Stoff komplett zu umranden. Was am Ende so leicht und selbstverständlich aussieht, muss mit großen technischen Überlegungen vorbereitet werden. Wie wird der Stoff befestigt, wie verhindert man ein Absinken oder wie reagieren die am Ufer lebenden Wassertiere auf eine plötzliche Abdeckung? Sind diese Fragen alle gelöst, so steht am Ende ein zeitlich begrenztes Kunstwerk, das von vielen Menschen bewundert werden kann und oftmals ein wahrer Zuschauermagnet für eine Region wird.

- Stellt eine Podiumsdiskussion nach. Die Teilnehmer sind der Künstler und die Künstlerin, Politiker, Umweltschützer, Medienvertreter, Anwohner, Besucher und Hoteliers. Sammelt zunächst Argumente und ordnet sie den verschiedenen Personen zu. Verteilt dann die Rollen und bestimmt einen Diskussionsleiter.
  Die Klasse sollte sich als Publikum immer wieder beteiligen, um die Diskussion weiterzubringen.

Christo und Jeanne-Claude: Surrounded Islands, Biscayne Bay, Greater Miami, Florida, 1980–83

Kunst^2

Kunstwerk = Kunst

Kunstwerk + Künstler + Zeit = Kunst

Kunstwerk x gesellschaftlicher Kontext = Kunst

Kunstwerk + Betrachter + Auseinandersetzung = Kunst

Kunst = Auseinandersetzung

Ad Reinhardt: How to look at a cubist painting, 1946

Ein Kunstwerk entsteht zweimal

Kunst hoch zwei? Ein erstes Mal entsteht Kunst, wenn die Künstlerin oder der Künstler ein Kunstwerk schafft. Würde es dabei bleiben, wäre dieses Kunstwerk für alle anderen Menschen verloren. Erst wenn sich ein Betrachter mit dem Kunstwerk auseinandersetzt, wird es ein zweites Mal zum Leben erweckt – Kunst hoch zwei.

Beim Betrachten zum Leben erwecken – was sich so einfach anhört, ist in Wirklichkeit schwer, da ein Kunstwerk voller Geheimnisse steckt. Nur wenn man sich auf unterschiedliche Weise mit ihm auseinandersetzt, kann man diese Geheimnisse entdecken.

Der Geschichte des Kunstwerkes zuhören

Den gesellschaftlichen Kontext untersuchen

Verborgene Bedeutungen entschlüsseln

Die Wirkung auf den Betrachter wahrnehmen

Die künstlerischen Mittel untersuchen

Informationen über den Künstler sammeln

In diesem Kapitel werden verschiedene Wege der Auseinandersetzung gezeigt: Die Beschäftigung mit dem Kunstwerk selbst, der Blick auf den Künstler und auf den gesellschaftlichen und politischen Kontext, in dem ein Kunstwerk entsteht.

Das Kunstwerk wirken lassen

Ein Kunstwerk verdichtet Gefühle und Gedanken der Künstlerin oder des Künstlers. Du entdeckst sie nur, wenn du dir Zeit nimmst. Betrachte das Kunstwerk in Ruhe, ohne schnelle Urteile. Vertraue dabei deinen Gefühlen. Am besten klappt das direkt vor dem Original. Vieles geht beim Fotografieren und Drucken verloren. In einem Buch müssen wir uns aber mit Abbildungen begnügen.

- Klappe die Seite 164 nach außen. Betrachte das Bild eine Minute lang.
- Halte deine Gefühle und Gedanken fest. Lasse nichts weg, „weil man so etwas über Kunst nicht sagt". Nur sammeln, nicht ordnen!

Fragen stellen

Auf den folgenden Seiten findest du Hilfen, dich mit einem Kunstwerk durch unterschiedliche Fragen auseinanderzusetzen. Wenn du Erfolg hast, passen die Antworten wie die Teile eines Puzzles ineinander.

Kunstwerk = Kunst

Als Betrachter musst du eine Beziehung zum Kunstwerk aufbauen. Zunächst hast du freie Assoziationen festgehalten. Nun musst du aus deinen ersten Eindrücken Fragen formulieren. Du wirst sie nicht alle beantworten können, aber sie helfen, die folgenden Schritte gezielter auszuführen.

Ich erkenne drei Bildbereiche.
Was unterscheidet sie?

Woher kommt die Wirkung, die das Kunstwerk bei dir ausgelöst hat? Sammle Fragen zu den „Demoiselles", die sich dir beim Betrachten stellen.

Viele Kunstwerke erzählen eine Geschichte. Wenn es dir gelingt, sie zu „lesen", bist du ein großes Stück weiter.
Erarbeitungsfragen können sein: Was ist in dem Kunstwerk dargestellt? In welcher Beziehung stehen die Figuren oder Elemente zueinander? Wie genau sehen sie aus? Bauen sie eine Verbindung zum Betrachter auf? Gibt der Titel des Kunstwerks einen Hinweis?

- Schreibe deine Geschichte von „Les Demoiselles d'Avignion" auf. Der Titel heißt übersetzt „Die Fräulein aus Avignon".
- Vergleicht eure Texte. Ihr werdet erstaunt sein, was mehrere Betrachter unabhängig voneinander entdecken.

Künstler drücken sich mit Mitteln aus, die aus der Art ihrer Kunst entstehen. Das können sein: Farben, Formen, Bewegung, Licht und Schatten, Richtungen, die Räumlichkeit.
Wer diese Ausdrucksmittel lesen kann, erfährt viel über die Absichten des Künstlers und den Entstehungsprozess des Kunstwerkes.

Formen

Formen können sich nach dem abgebildeten Gegenstand richten oder z. B. nach geometrischen Grundformen, sie können hart oder weich sein, symmetrisch, scharfkantig, verwaschen usw. Die „Demoiselles" gelten als Beispiel für die Stilrichtung des Kubismus. Das gibt einen Hinweis, warum Picasso gerade diese Formen wählte.

- Beschreibe die Formen der Körper, der Gesichter, der Gegenstände, des Hintergrunds.
- Welche Wirkung erzielt diese Formgebung?

Farbigkeit

Ist der Himmel blau? Die Lokalfarbe eines Gegenstandes wird durch Lichteinfall verändert (Erscheinungsfarbe). In der Kunst ist Farbe darüber hinaus ein Ausdrucksmittel. Die Farbigkeit eines Kunstwerkes bestimmt die Stimmung, die es beim Betrachten auslöst. Der Eigencharakter der Farben ist genauso wichtig wie der Farbkontrast zur Umgebung.

- Beschreibe die Farben der Körper, der Gesichter, der Gegenstände, des Hintergrunds. Suche Auffallendes: Farbkontraste, Schwerpunkte, Vielfalt oder Beschränkung der Farbpalette Farbauftrag, Abtrennung der Farbflächen.
- Stelle den Farbcharakter, also die Wirkung der Farbigkeit, dar.

Raum

Raum existiert in dreidimensionalen Disziplinen wie Architektur und Plastik. In den Flächenkünsten Malerei, Grafik und Fotografie kann Raum nur vorgetäuscht werden.

Untersuche den räumlichen Aufbau des Bildes. Unterscheide nach Vordergrund, Mittel- und Hintergrund.

Komposition

Und wenn ein Kunstwerk noch so sehr den Eindruck vermittelt, es sei zufällig entstanden: Durch gezielte Gestaltung hebt der Künstler Bereiche hervor, durch Ungleichgewichte erzeugt er optische Spannungen.

- **Flächenaufteilung:** Oben, Mitte, unten; links, Mitte, rechts; Hälfte, Drittel, Viertel, Goldener Schnitt: Suche geometrische Ordnungsmuster bei den „Demoiselles".
- **Licht und Schatten:** Beschreibe die Verteilung heller und dunkler Bereiche. Wo erkennst du Schwerpunkte? Wo setzt Picasso Kontraste ein?
- **Kompositionslinien:** Horizontal wirkt ruhig – vertikal wirkt labil – diagonal wirkt dynamisch. Untersuche die Richtungen: Skizziere zunächst die Hauptrichtungen, die von Formen, Körpern, Blickrichtungen gebildet werden. Beschreibe dann mithilfe der Skizze ihren Verlauf.

Kunstwerk + Künstler + Zeit = Kunst

Bisher hast du einiges über „Les Demoiselles d'Avignon" herausgefunden. Es bleiben aber wichtige Fragen offen, die du nur mit Hintergrundinformationen klären kannst. Das Bild gilt als Schlüsselbild für den Übergang zur Moderne. In welcher gesellschaftlichen und politischen Umgebung entstand es?

In der Entstehungszeit von „Les Demoiselles d'Avignon" ereignete sich …

- Die europäischen Staaten besetzen bis auf zwei Staaten ganz Afrika mit Militärgewalt und beuten die Bevölkerung brutal aus. Die Rohstoffvorkommen werden geplündert. Die größten Kolonialmächte sind Frankreich und England.
- Sigmund Freud erschüttert mit seiner Theorie die bisher geltenden Vorstellungen vom Menschen. Er nahm an, Hauptbeweggrund für das menschliche Handeln seien seine Triebe, besonders der Sexualtrieb.
- Bis ins 20. Jahrhundert ging die Physik davon aus, die Naturgesetze wären vergleichbar mit einer Mechanik. Einstein widerlegt dies mit seiner Relativitätstheorie. Weder Raum noch Zeit können weiter als feste Größe gesehen werden, sie verändern sich relativ zu ihren Umgebungsbedingungen.
- Die Menschen Europas kämpfen gegen die Unterdrückung der gesellschaftlich Schwachen. Demonstrationen für die Rechte von Frauen und Kindern werden blutig niedergeschlagen.

- Maria Montessori gründet ein Kinderhaus, in dem ohne Zwang und Gewalt unterrichtet wird.
- Gründung der Künstlervereinigungen *Die Brücke*, *Der Blaue Reiter* und *Karobube* (Russland), Veröffentlichung des *Futuristischen Manifestes*. Alle wollen eine neue Kunst herbeiführen.
- Der Aktiencrash im Jahr 1907 an der Börse in New York löst eine schwere Wirtschaftskrise aus.
- Die Eröffnung der ersten öffentlichen Badeanstalt in Berlin führt zu heftigen Protesten. Der Vorwurf: Die Menschen verhielten sich grob unsittlich.
- Frankreich und Spanien schicken Truppen ins marokkanische Casablanca, wo 8 Europäer ermordet wurden. 1 000 Marokkaner werden bei dem Militäreinsatz getötet.

Surftipp: das *„Lebendige Museum Online“*

Mit diesem Plakat wurde in französischen Zeitungen für den Truppeneinsatz in Casablanca geworben.

Die alte Zeit: Belle Époque

Europa steuert auf den Ersten Weltkrieg zu

Einige Bürger werden sehr reich – andere leben in bitterer Armut

Stilrichtung Kubismus

Stellt eine Wandzeitung mit Informationen zusammen, die den Einfluss der gesellschaftspolitischen Entwicklung auf die „Demoiselles“ zeigt. Themen: Rolle der Frau, Bruch der Moderne in Kunst, Literatur und Musik, Imperialismus.

Kunstbetrachtung

Ein großes Problem bei Texten über Kunst ist die Verständlichkeit. Bei Wikipedia ist das manchmal anders, dafür weißt du nie, ob die Informationen verlässlich sind. Du solltest daher immer die Seite *Diskussion* anschauen. Hier wird vor schlechten Beiträgen gewarnt.

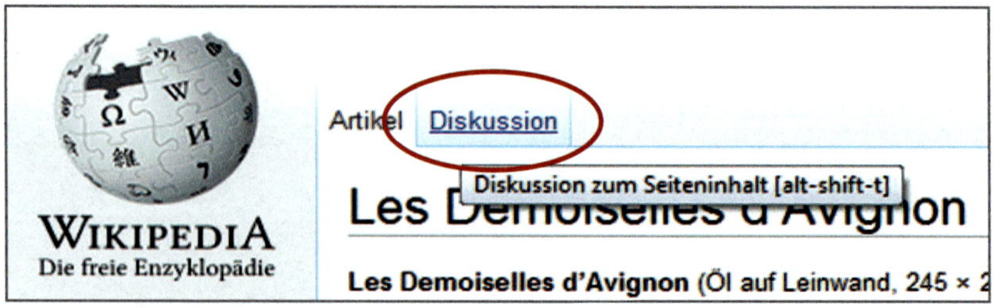

Les Demoiselles d'Avignon ... von Pablo Picasso geschaffenes Gemälde ... Wendepunkt in der Entwicklung der Malerei ... Kubismus ... Jean-Auguste-Dominique Ingres: *Das Türkische Bad* ... Salon des Indépendants ... *Iberische Kunst* ... Einflüsse der afrikanischen Stammeskunst ... persönliche Unruhen im Leben von Picasso ... verschiedene Blickwinkel ... abstrahiert ... Reaktionen ... negativ ... unmoralisch ... *Carrer d'Avinyó* ... Wahrnehmung der Gesellschaft ... Abwendung von den traditionellen Regeln für Form und Perspektive ... gesellschaftliche Konventionen ... künstlerische Sprache

aus Wikipedia, der freien Enzyklopädie

Teilt die Stichwörter aus Wikipedia auf und informiert euch über wichtige Hintergründe zu den „Demoiselles d'Avignon". Ergänzt eure Wandzeitung.

Künstler reagieren auf ihr Leben. Dabei können familiäre Verhältnisse genauso eine Rolle spielen wie politische. Eine Künstlerbiografie kann ein wichtiger Schlüssel zum Verständnis eines Kunstwerkes sein. Wichtig ist, die biografischen Angaben in Beziehung zu dem zu setzen, was man in den Kunstwerken entdecken kann.

Biografie

1881 Pablo Ruiz y Picasso wird als Sohn des Malers José Ruiz Blasco und dessen Frau Maria Picasso López in Malaga (Spanien) geboren.
1897 Studium an der Academia San Fernando in Madrid.
1900 Reise nach Paris.
Ab 1901 Melancholische Frauenbildnisse, bei denen Blau, die Farbe der Nacht, überwiegt (Blaue Periode).
1904 Umzug nach Paris. Beziehung mit Fernande Olivier.
Ab 1905 Die Bilder des verliebten Malers zeigen Gaukler und Zirkusartisten in rosa Farbtönen (Rosa Periode). Neben Skulpturen entstehen viele Drucke.

Künsterfamilie

Picasso zwischen Spanien und Frankreich

Stilperioden: Blaue Periode ...

Ab 1908 Starker Einfluss der ausdrucksstarken afrikanischen Kunst, die aus den Kolonien nach Frankreich importiert wird. Gründet mit Georges Braques zusammen den Kubismus, der mit den gewohnten Darstellungsformen bricht.
Ab 1911 Serie von Papier- und Materialcollagen.
1917 Kostüme und Bühnenbilder für das Ballett. Beziehung mit der Tänzerin Olga Koklowa, die er ein Jahr später heiratet.
Ab 1924 Abstrahierende Stillleben.
1927 Beziehung mit Marie-Thérèse Walter, die ein Kind von ihm bekommt.
Ab 1928 Lebensgroße Eisenplastiken.
Ab 1934 Reise in sein Geburtsland. Picasso ist fasziniert vom Stierkampf.
1935 Trennung von seiner Ehefrau Olga.
1936 Picasso engagiert sich im spanischen Bürgerkrieg gegen den Faschisten Franco.
1937 Picassos Anti-Kriegsbild „Guernica" erregt große Aufmerksamkeit. Beziehung mit Dora Maar.
1941 Beitritt zur Kommunistischen Partei Frankreichs.
1943 Beziehung mit Françoise Gilot (zwei Kinder).
Ab 1947 Keramikarbeiten.
1948 Auszeichnung durch die französische Regierung.
1949 Picassos Bild „Die Taube" wird Sinnbild der Friedensbewegung in Europa. Friedensaufruf mit Henry Matisse.
1952 Wandbilder „Der Krieg" und „Der Frieden" in einer Kirche.
1958 Umzug in das Schloss Vauvenargues.
1961 Heirat mit Jacqueline Roque.
1962–1965 Überlebensgroße Betonplastiken.
1963 Eröffnung des Museo Picasso in Barcelona.
1973 Picasso stirbt in der Nähe von Cannes.

Weitere Künstler: Braques, Matisse

Picasso und die Frauen: Fernande Olivier, Olga Koklowa …

Politisches Engagement: Interesse für die Kolonien (1908) …

Künstlerische Techniken: Plastik …
Motive: Frauenbildnisse …

Pablo Picasso:
Die Friedenstaube, Entwurf, 1961

- Suche Kontaktstellen zwischen der Biografie Picassos und den „Demoiselles".
- Eine zusätzliche Übung: Suche weitere Kunstwerke von Picasso. Wähle zwei Gliederungspunkte aus den blauen Kästen und stelle nur die Punkte aus der Biografie zusammen, die du mit Bildbeispielen doppeln kannst.

Warum haben zwei der Frauen Maskengesichter? Warum sind die Körper so eigenartig dargestellt? Ganz offensichtlich wollte Picasso mehr zeigen als die Gestalt der Frauen.
Man kommt dem Geheimnis dieser Darstellung auf die Spur, wenn man sie als Zeichen betrachtet. Der Künstler findet für etwas, das er darstellen will, ein Zeichen. Die Bedeutung dieses Zeichens muss der Betrachter entschlüsseln. Die Beziehung zwischen Künstler, Zeichen und dem Objekt, das sich dahinter verbirgt, wird oft als Dreieck veranschaulicht: Picasso stellt das für ihn Besondere von Spanierinnen mit einem Schema dar: große, dunkle Augen, langes schwarzes, aus der Stirn gekämmtes Haar, dunkle Augenbrauen, ernste Gesichtszüge. Dieses Schema setzt er in seinem Bild als Zeichen ein. Wenn ein Betrachter die Beziehung zwischen Zeichen und Objekt nicht versteht, erkennt er nur die Oberfläche des Kunstwerks (große, dunkle Augen …), nicht aber seine tiefere Bedeutung (Verbundenheit Picassos zu seiner Heimat).

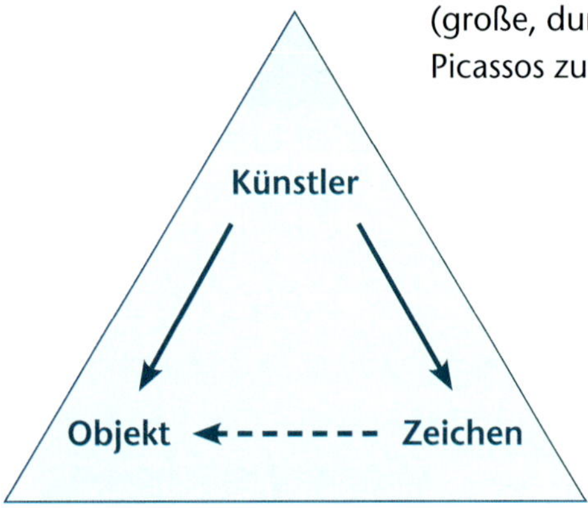

- Deute die maskenartigen Gesichter der beiden Frauen im rechten Bilddrittel: Wofür stehen sie?
- Eine schwierige Aufgabe: Picasso bildet die Körper nicht einfach ab, sondern entwickelt malerische Zeichen. Auch hier gibt es Unterschiede zwischen der linken und der rechten Figurengruppe. Wofür steht die jeweilige Form der Zeichen? Denke an die Informationen, die du zu Picasso herausgefunden hast.

Erinnerst du dich? Die einzelnen Puzzleteile müssen am Ende zu einer Gesamtsicht zusammengefügt werden. Wie hängen Farben, Formen, die Art der Bildkomposition zusammen? Ergeben sich Übereinstimmungen zwischen diesen bildnerischen Mitteln und dem Inhalt?

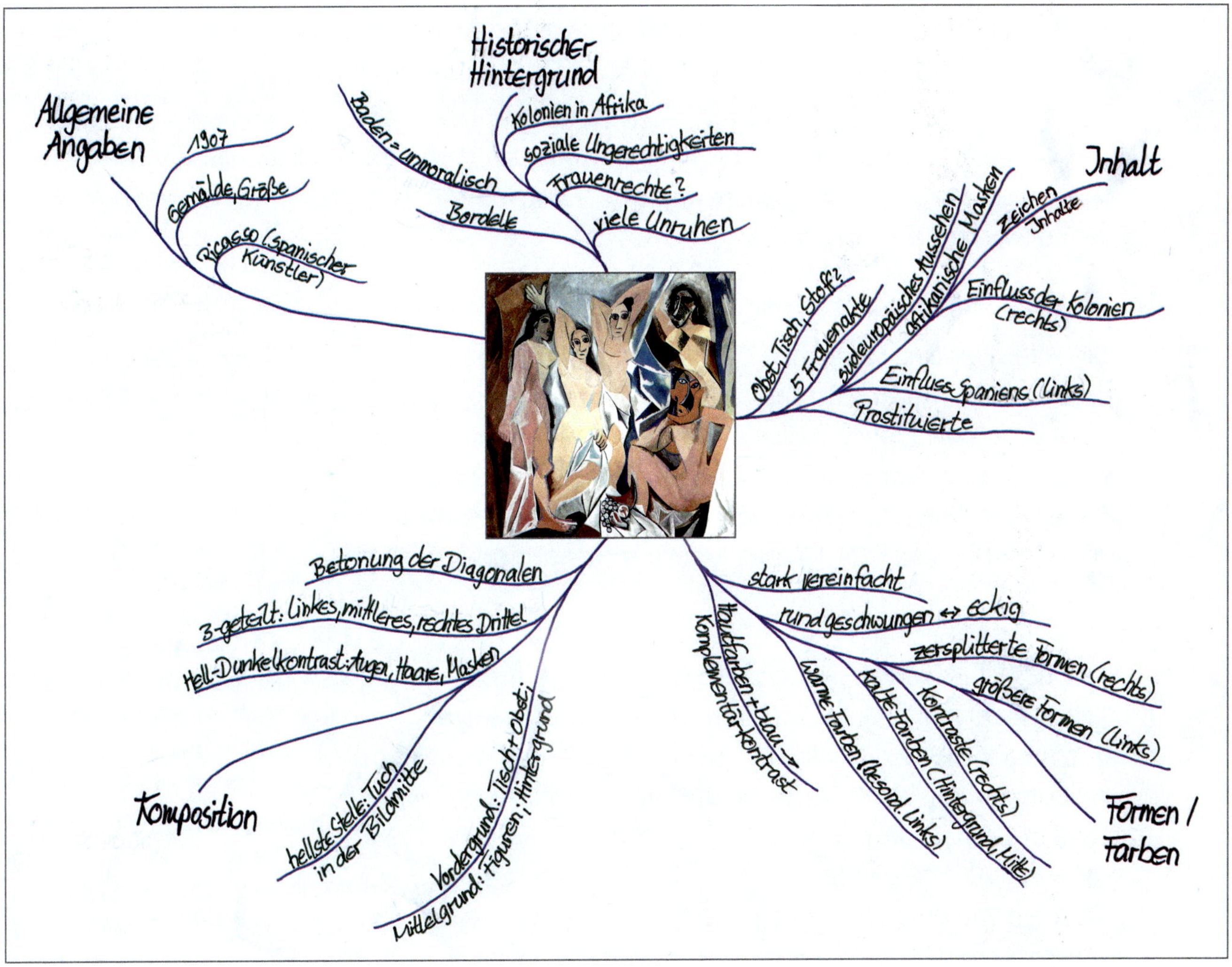

- Finde Übereinstimmungen zwischen den einzelnen Untersuchungsaspekten:
  - geometrische Aufteilung – Farbigkeit – Formen
  - Formen – Hell-Dunkelverteilung
  - geometrische Aufteilung – Kompositionsrichtungen
- Suche die tiefere, symbolische Bedeutung des Kunstwerks: Welche allgemeingültige Aussage oder Wahrheit entdeckst du? Welche Erkenntnisse aus der systematischen Untersuchung kannst du als Belege anführen?

Bildbesprechung: Pablo Picasso: Les Demoiselles d'Avignon, 1907 (245 x 235 cm)

Überschrift

Das Gemälde „Les Demoiselles d'Avignon" wurde von dem spanischen Künstler Pablo Picasso im Jahr 1907 gemalt. Es ist 2,45 m hoch und 2,35 m breit.

Allgemeine Angaben

Das Bild zeigt eine Szene mit ... Sie stehen bzw. sitzen in einem Raum, im Vordergrund ..., der Hintergrund wird von ... gebildet. Die Frauen stellen sich zum Betrachter hin auf, wie auf einer Bühne. Drei der Frauen haben große, schwarze Augen und schwarze Haare, sie sehen aus wie Flamencotänzerinnen. Die Gesichter der zwei Frauen rechts sind ...

Beschreibung des unmittelbar Sichtbaren

Teile des Bildes wirken wie zersplittert, als würde das Bild in Teile zerspringen. Von links nach rechts sind drei Bereiche auszumachen: Der linke Rand, der aus ... besteht. Dann folgt eine Gruppe aus drei Frauen. Sie unterscheiden sich von der zweiten Gruppe, die sich rechts befindet, durch ...
Die Formen der Körperteile sind ... Auch der Hintergrund und der Tisch vorne bestehen aus ... Formen. Am rechten Rand der „unmaskierten" Gruppe verläuft eine Trennlinie, die von ... gebildet wird. Die mittlere Frau verstärkt diese Unterteilung durch ... Das Bild wird hauptsächlich von zwei Kompositionsrichtungen bestimmt: ...
Im rechten Bereich bildet die Hautfarbe und der blaue Hintergrund beinahe einen ...kontrast. Durch die ... heben sich die Gesichter deutlich vom hellen Hintergrund ab.
Der rechte Teil wirkt sehr unruhig. Die Farben ... Die Formen ... Hier befinden sich auch die zwei maskierten Frauen. Das deutet darauf hin, dass ...

Wirkung auf den Betrachter, Belege für die Wirkung

Jan Fabre: Flämischer Krieger (Krieger ohne Hoffnung), 1996 (200 x 45 x 45 cm), Juwelenkäfer auf Eisendraht, Holz, Rüstung

Pablo Picasso: Les Demoiselles d'Avignon, 1907 (245 x 235 cm)

Hintergrundinformationen

Der Bildtitel heißt übersetzt „Die Fräulein aus Avignon". Picasso hat hier … gemalt, was damals einen Skandal auslöste. Zur Entstehungszeit des Bildes hatten Frauen wenig Rechte, Baden in der Öffentlichkeit galt als unsittlich. Wie musste es da auf die Menschen wirken, wenn in einem Bild …?
Picasso war Spanier, lebte lange Zeit in Frankreich und schätzte die ausdrucksstarke afrikanische Kunst. Diese drei Einflüsse sieht man im Bild an …

Bedeutung für die Kunst

Das Bild gilt als Schlüsselbild der Modernen Kunst. Es zählt zur Stilrichtung des … Stilmerkmale des … sind … Diese Stilmerkmale erkennt man im Bild an folgenden Stellen besonders deutlich: …

Die Ebene des Bildmotivs, des Symbolischen

Heute kann man sich kaum vorstellen, dass „Les Demoiselles d'Avignon" skandalös wirkte. Mit den Informationen der Zeitgeschichte lassen sich aber Gründe erkennen: Picasso wollte die Öffentlichkeit provozieren, indem er ihre Doppelmoral zeigte. Man besetzte Kolonien und beutete sie aus, interessierte sich aber nicht … Man empfand öffentliches Baden als obszön, viele Männer gingen aber in Bordelle. Die Verlogenheit der Moral wird durch … gut verdeutlicht.

Bedeutung für unsere Zeit

„Sex sells" – heute muss alles einem Idealbild der Schönheit entsprechen. Viele junge Menschen unterziehen sich Schönheitsoperationen, obwohl sie hübsch sind. Vielleicht müsste eine aktuelle Version der „Demoiselles d'Avignon" Frauen darstellen, die bewusst nicht dem gängigen Schönheitsideal entsprechen. Ihre persönliche Schönheit und Würde müsste aber gut zum Ausdruck kommen.

Kunstwerk x gesellschaftlicher Kontext = Kunst

Auf der Ausklappseite 165 siehst du ein Kunstwerk, in dem man über die Analyse der bildnerischen Mittel nur einen Teil seines Geheimnisses entdecken kann. Auch die Entschlüsselung der bildnerischen Zeichen hilft nicht weiter, da Fabre keine eindeutig aufzulösenden Symbole verwendet. Wie nähert man sich dieser Kunst? Man muss zusätzliche Informationen suchen und sie mit dem Kunstwerk in Beziehung setzen.

Botschaften dekodieren

Jan Fabre stellt für seine Ausstellungsreihe „Engel und Krieger – Strategien und Taktiken" Skulpturen unter anderem aus Käfern und Rüstungen her. In dunklen Räumen stehen seine „Krieger ohne Hoffnung". Mit dem „4-Seiten-Modell der Kommunikation" kannst du die Informationen, die du sammelst, ordnen.

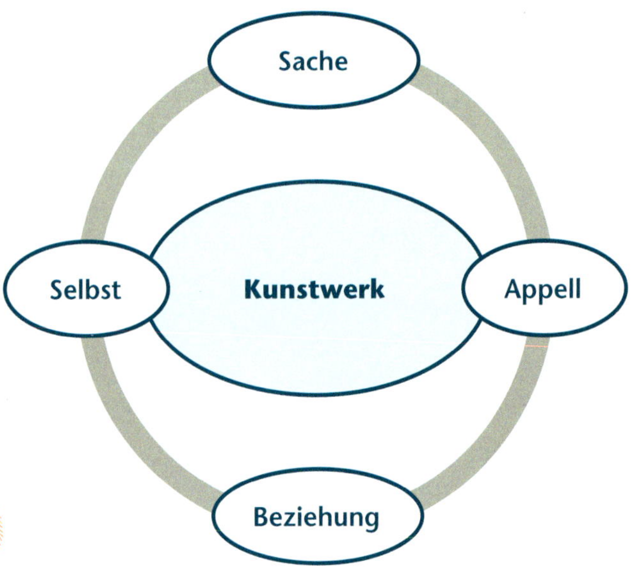

Sache: Was ist dargestellt? Hier muss unterschieden werden zwischen der oberflächlichen Ebene der Zeichen und der tiefer liegenden symbolischen Ebene.
Selbst: Was sagt das Kunstwerk über den Künstler und die Zeit, in der er lebte, aus? Können wir umgekehrt durch die Biografie des Künstlers, durch die gesellschaftlichen Bedingungen zur Entstehungszeit oder durch die Zuordnung des Künstlers zu einer Kunstströmung Wichtiges über das Kunstwerk erfahren?
Beziehung: Wie bezieht der Künstler den Betrachter ein? Oft spielt er mit dessen Vorwissen oder Erwartungen.
Appell: Welchen Appell richtet der Künstler an den Betrachter? Was soll er tun, wie soll er sich dem Kunstwerk nähern?

Mögliche Appelle: Der Konflikt zwischen Flamen und Wallonen – Insekten schaffen Staatsgebilde wie der Mensch – Unterschiede zwischen Mensch und Tier – Bedingungen für Gruselgefühle: Wählt ein Beispiel aus und recherchiert dazu Informationen. Ordnet sie den drei anderen Seiten des Kommunikationsmodells zu.
Spuren zur Sache: flämisch, Zusammenleben von Käfern, Rüstung, dargestellte Figur
Spuren zum Künstler: Entstehungsjahr, gesellschaftlicher und politischer Kontext dieser Zeit, Nationalität
Spuren zur Beziehung, die zum Betrachter hergestellt wird: Inszenierung des Kunstwerks (Beleuchtung, räumliche Anordnung), Assoziationen zu Käfern, Rüstungen, Kriegern

Möglichkeiten der Auseinandersetzung

- **Sich einfühlen:** Nachstellen einer Szene, sich ins Bild denken und aus dieser Perspektive beschreiben, verschiedene Perspektiven einnehmen, innerer Monolog, Größe veranschaulichen

> Stelle dir vor, du bewegst dich durch die Ausstellung …

- **Vergleichen:** Andere Werke desselben Künstlers, Werke anderer Künstler zum selben Thema, Werke aus anderen künstlerischen Disziplinen (Literatur, Musik, Theater)

> Suche im Internet nach weiteren Werken von Fabre. Was ist vergleichbar?

- **Kontext ändern:** Hintergrund, Farbigkeit oder Beleuchtung ändern, Proportionen ändern, Figuren in einen anderen Zusammenhang stellen

> Stelle den „Flämischen Krieger" in Gedanken in ein Naturkundemuseum. Was ändert sich?

- **Ergänzen:** Verborgenes dazuzeichnen, einen Ausschnitt weiterzeichnen, den Folgezustand einer Situation zeigen

> Kaum verlassen die Betrachter den Raum, ordnen sich die Käfer neu an. Zeichne.

- **Nachvollziehen:** Bild nachmalen, Standbild

- **Variieren:** In eine andere Technik übertragen, Farben in ihre Komplementärfarben umwandeln, aus weichen Formen harte machen, ein Gefühl ins Gegenteil verkehren

> Zeichne einen Schlachtplan des Käferheeres auf eine Karte Flanderns. Ändere Elemente der Karte (Wappen, Windrose, Legende) passend für Käfer.

Kunst engagiert sich politisch

Ein Pressefoto von Auseinandersetzungen am Rande des G8-Gipfels in Rostock 2007. Staatsmacht gegen das Volk – ein Bild, das sich ins Gedächtnis gräbt. Warum bleibt es hängen?

- Beschreibe mithilfe der beiden Überarbeitungen die vorherrschenden Richtungen und Farbverteilungen.
- Vergleiche das Pressefoto mit dem Gemälde von Delacroix.

Eugène Delacroix: Die Freiheit führt das Volk, 1830 (260 x 325 cm)

Künstler leben in China auch heute noch gefährlich. Die chinesische Regierung fühlt sich schnell angegriffen und verstößt mit ihren Reaktionen gegen die Menschenrechte. Zwei Beispiele, wie Kunst von Politik abhängt:

Der chinesische Künstler Liu Bolin ließ sich für die Fotoserie „Hiding in the city" von Helfern so bemalen, dass er aus einem bestimmten Betrachtungswinkel in seiner Umgebung zu verschwinden scheint. Bolin reagiert mit diesem Projekt auf den Abriss der Künstlersiedlung, in der er sein Atelier hatte.

„Ich fühlte mich ausgestoßen, überflüssig. Ich musste zeitweilig auf der Straße leben. Und ich spürte diesen unglaublichen Zorn in mir auf diese Form der Willkür."

Liu Bolin im Magazin der Süddeutschen Zeitung, 13.12.2010

2011 gibt der chinesische Künstler Ai Weiwei ein Interview. Fünf Tage danach wird er verhaftet.

SZ: Im März sollte Ihre erste Ausstellung im Ullens Zentrum für Gegenwartskunst in Peking stattfinden. **Ai:** Ja, aber sie haben sie verhindert. Ich hatte anderthalb Jahre daran gearbeitet, aber dann wurde die Ausstellung einfach verboten. Und sie haben mir auch mein neues Atelier in Shanghai komplett zerstört. **SZ:** Die Lage für kritisch denkende und handelnde Künstler wird in China immer schwerer, oder? **Ai:** [...] Die Polizei bricht mitten in der Nacht bei dir ein, durchwühlt dein Haus – und dann fabrizieren sie Beweise gegen dich für ihre Gerichte. Sie verurteilen unschuldige Leute zu zehn Jahren Haft. Der letzte war Liu Xianbin.

Süddeutsche Zeitung, 04.04.2011

Liu Bolin: Hiding in the city, 2009

- Untersucht das Bild: Welche Partien des Polizisten wurden auf Bolin gemalt?
- Bolin findet einen anderen Weg des Widerspruchs als die offene Revolution. Ist das eine Form politischen Widerstands oder Kunst? Diskutiert.

Gerhard Richter

Gerhard Richter setzt Fotos in Gemälde um. Er projiziert sie auf eine Leinwand, malt sie ab und verwischt mit einem breiten, weichen Pinsel die Konturen. Über diese Vorgehensweise sagte er:

„Ich verwische, um alles gleich zu machen, alles gleich wichtig und gleich unwichtig. […] Ich wische vielleicht auch das Zuviel an unwichtiger Informationen aus."

„Onkel Rudi" trägt eine Wehrmachtsuniform. Das war 1965 ein heikles Thema, die Verbrechen des „Dritten Reiches" waren in Deutschland noch nicht aufgearbeitet.

Gerhard Richter: Onkel Rudi, 1965 (87 x 50 cm), Öl auf Leinwand

Das Bild „Onkel Rudi" lässt sich nur verstehen, wenn man etwas über die zeitgeschichtlichen Hintergründe weiß.

- Informiere dich über das Leben Gerhard Richters. Du solltest Informationen über seinen Onkel Rudi, seine Tante Marianne und über die politischen Verhältnisse seiner Kindheit, Jugend und jungen Erwachsenenzeit herausfinden.

Neue Macke – Ist Gerhard Richter ein politischer Künstler? Oder doch nur ein Ästhet?

[…] Was hat der Euthanasietäter *Herr Heyde* neben Jackie Kennedy, was hat *Onkel Rudi* mit seiner NS-Soldatenuniform neben der amerikanischen Sekretärin zu suchen? Man kann dieses Nebeneinander als unausgesprochenes Unbehagen an der damaligen Zeit verstehen, in der man sich gern an blutigen Verbrechen ergötzte, die wahren, die eigenen Verbrechen aber verdrängte. […]
„Das Machen von Dingen, die ohne Sinn u. ohne Moral, ohne Lehre sind, die nichts mehr wollen", schien Richter typisch zu sein für seine Zeit, wie er in einem Brief einmal schrieb. Auch sein eigenes Leben sei von diesem „nichts u. nichts" erfüllt. Als er 1962 in Fulda seine erste Ausstellung zeigt, lässt er per Tonband das Märchen von des Kaisers neuen Kleidern vorlesen, in leichter Abwandlung allerdings. „Das Kind am Schluss kam in den Kerker, weil es nichts von Kunst verstand."

Aus der Besprechung einer Ausstellung mit Bildern von Gerhard Richter

Gerhard Richter: Schwimmerinnen, 1965 (200 x 160 cm)

Im selben Jahr wie „Onkel Rudi" entstand „Schwimmerinnen". Wie passen die beiden Bilder zusammen? Nutze die Informationen dieser Doppelseite für deine Antwort.

Kunstwerk + Betrachter + Auseinandersetzung = Kunst

Auseinandersetzen durch Handeln

Auf die Frage, warum er normale Fotos für seine Kunst nutzt, antwortete Gerhard Richter:

> „Weil ich überrascht war vom Foto, das wir alle täglich so massenhaft benutzen. [...] Es hatte keinen Stil, keine Komposition, kein Urteil, es befreite mich vom persönlichen Erleben, es hatte erstmal gar nichts, war reines Bild. Deshalb wollte ich es haben, zeigen – nicht als Mittel für eine Malerei benutzen, sondern die Malerei als Mittel für das Foto verwenden.

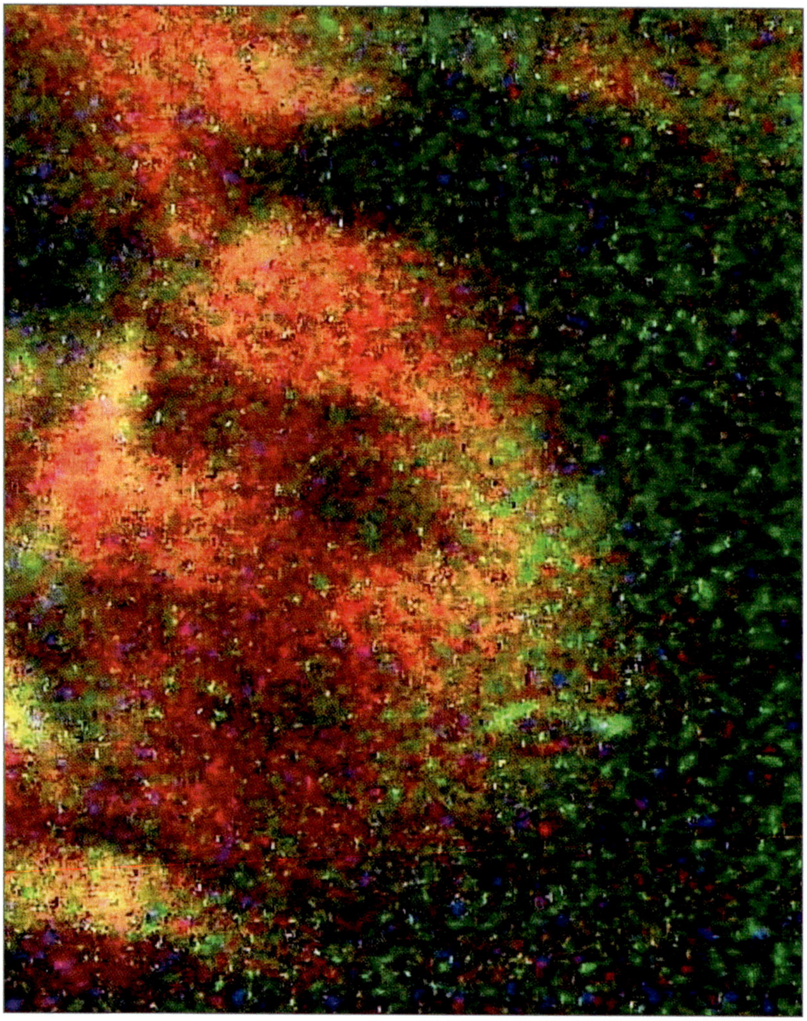

Was ändert sich an der Wahrnehmung, wenn wir mit Bildern überflutet werden? Richter konnte zu seiner Zeit nicht ahnen, wie sehr technische Entwicklungen unsere Wahrnehmung heute beeinflussen. Fotografie als getreues Abbild der sichtbaren Welt? Die Größe der Bildsensoren entscheidet mit über das, was wir sehen.

- Informiert euch über die Technik von Digitalkameras. Die Begriffe Bildpunkte, Auflösung, Bildrauschen und Auslöseverzögerung solltet ihr dabei klären.
- Die Fotos auf dieser Doppelseite wurden mit einem einfachen Fotohandy gemacht. Sie sind stark vergrößert, aber nicht mit Software überarbeitet worden. Klärt mit den gesammelten Informationen, wie die grafischen Effekte entstehen.

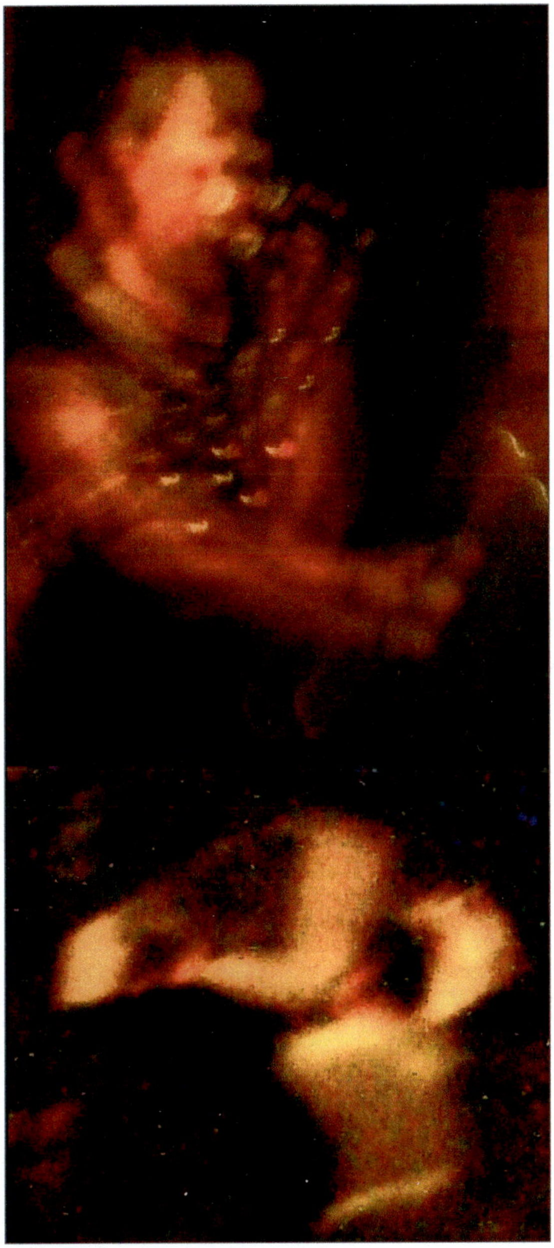

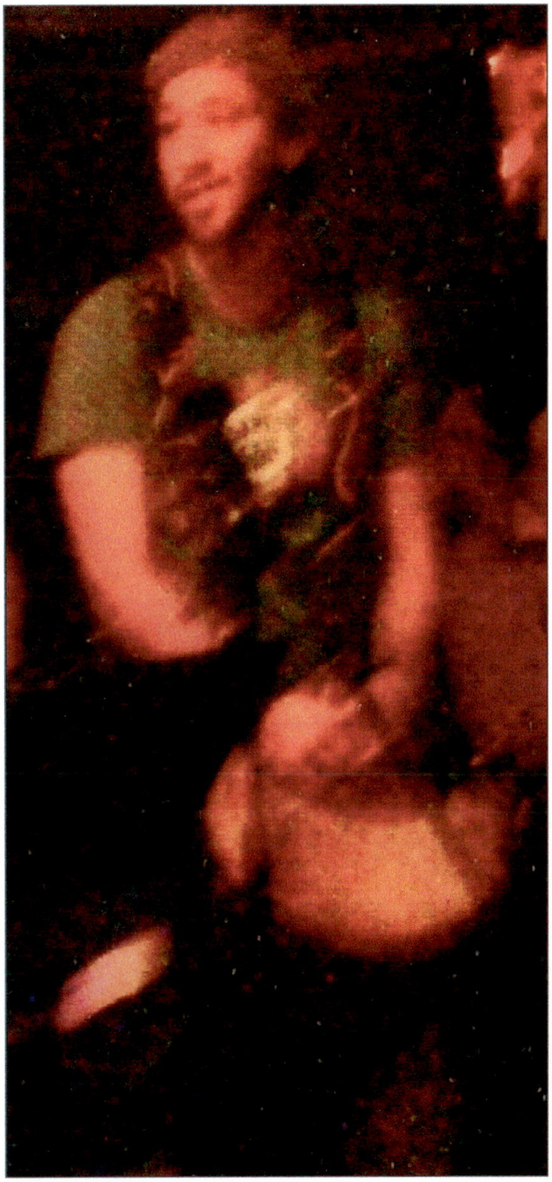

Aufnahmen eines Konzertes der Band rentus.music – aufgenommen mit einem Fotohandy

Fotografieren heißt übersetzt „mit Licht schreiben". Besonders unter eigentlich ungünstigen Lichtbedingungen kann man die Grenzen der Digitalfotografie gut ausloten.

- Wählt ein Thema für eine Fotosession: Konzert, Bewegung, Porträt mit starkem Hell-Dunkelkontrast …
- Vergrößert eure Fotos so stark, dass die Grenzen der digitalen Fotografie sichtbar werden. Eine Idee zur Vervielfältigung: Ein Fotobuch aus einem Fotolabor.

Lichtbilder

Hier wurde Blattwerk von Bäumen bei Dämmerung fotografiert. Der Trick: Durch die geringe Helligkeit wird der Bildsensor relativ lange belichtet. Beim Auslösen wird die Kamera bewegt. Durch die lange Belichtungszeit wird ein Bewegungsmuster eingefangen.

Experimentiert beim Fotografieren mit schwacher Beleuchtung und Bewegung.

Mit der gezielten Überlistung der digitalen Kameratechnik werden Bilder geschaffen, bei denen die Formen zugunsten von Farbigkeit, Licht und Bewegung in den Hintergrund treten.
Das Einfangen flüchtiger Momente war vor über 100 Jahren eine Idee, mit der die Impressionisten die Kunst revolutionierten. Nur wenn man bedenkt, dass vor der Erfindung der Fotografie niemand solche eingefrorenen Momente gesehen hatte, kann man erahnen, was für eine künstlerische Leistung dahintersteckt.
Wie hält man in einem Bild die flirrende Bewegung der Mittagshitze fest?
Wie das Glitzern der Abendsonne auf einer bewegten Wasseroberfläche? Wie fängt man die feuchte Atmosphäre einer Landschaft im Nebel ein oder das Lichtermeer einer nächtlichen Stadt?

Handyfoto: Landschaft am Bodensee

Claude Monet: Impression, soleil levant, 1872 (48 x 63 cm)

Setzt die impressionistische Bildidee in eine Fotografie-Serie um. Der Text gibt inhaltliche und gestalterische Anregungen.

Nachgeschlagen

Architektur

Architektur oder auch Baukunst ist die Kunst des Bauens von Gebäuden. Der Architekt berücksichtigt bei seiner Arbeit verschiedene Aspekte, wie z. B. die Funktion des Gebäudes, eine zweckmäßige Nutzung und die Ästhetik, die er in Einklang bringen muss.
Je nach Funktion unterscheidet man zwischen Sakral- (religiöse Zwecke) und Profanbauten (nichtreligiöse Zwecke). Profanbauten können weiter in privat oder öffentlich genutzte Gebäude unterteilt werden. Ein Rathaus muss z. B. eine übersichtliche Raumordnung haben, damit die Bürger schnell finden, was sie suchen. Ein Wohnhaus erfüllt andere Zwecke und sieht deshalb auch ganz anders aus.

Assemblage

Die Assemblage ist eine Form der Objektkunst, bei der vorgefundene oder eigens hergestellte plastische Objekte zu einer neuen Einheit zusammengeführt werden. In diesem Sinne stellt sie die plastische Form der → **Collage** dar.

Aufklärung

Der Begriff der Aufklärung entstand im 18. Jahrhundert. Während bis weit ins 15. Jahrhundert hinein die Lehren der Herrschenden das Denken der Menschen bestimmten, führten die Forschungen in der Renaissance zu Wissen, das auf überprüfbaren Erkenntnissen beruhte. Im Barock wurde diese Fähigkeit, die Welt mithilfe des Verstandes zu verstehen, durch die starre Gesellschaftsordnung der absolutistischen Herrscher unterdrückt.
Die Aufklärung war eine Befreiungsbewegung gegen die Bevormundung. Sie versteht die Vernunft als wichtigste Quelle für Erkenntnisse und spricht ihr die Kraft zu, den Menschen aus der Unmündigkeit zu führen. Die Aufklärung greift die Ideen der griechischen Philosophie, der Antike und des → **Humanismus** der Renaissance auf. Sie wendet sich nicht gegen den Glauben an sich, sondern gegen die gesellschaftliche Unfreiheit des Menschen durch die Bevormundung der Kirche oder der Herrscher. Die Formulierungen von Menschenrechten, von der amerikanischen Unabhängigkeitserklärung über die der französischen Revolution bis hin zu den heutigen Menschenrechtskonventionen der UN, basieren auf den Gedanken der Aufklärung.

Ausstellung vorbereiten

Wenn ihr eine Ausstellung eurer Kunstwerke machen wollt, solltet ihr das von Anfang an planen. Für die Besucher ist es leichter, sich auf eure Arbeiten einzulassen, wenn sie einen roten Faden erkennen können. Hier die zehn wichtigsten Schritte beim Organisieren einer Ausstellung:

1. Ein Thema für die Ausstellung suchen.
2. Ausstellungsstücke erstellen und sammeln.
3. Einen Ort für die Ausstellung aussuchen und die Nutzungsbedingungen mit dem Hausherren klären.

4. Eine Auswahl der Kunstwerke für die Ausstellung treffen, auch in Abhängigkeit vom Raum.
5. Eine Einladung für die Ausstellung entwerfen und publik machen.
6. Die Werke sortieren und die Platzierung im Raum bestimmen.
7. Arbeiten vorbereiten: Bilder sauber einrahmen, Sockel bauen.
8. Ausstellungseröffnung planen: Reden, Musik.
9. Ausstellung selbst: Gästebuch auslegen, in dem Rückmeldungen gegeben werden können, zwischendurch schauen, ob alles in Ordnung ist.
10. Nach der Ausstellung das Abhängen und Verstauen von Kunstwerken, Rahmen usw. nicht vergessen.

Avantgarde

Die Avantgarde hat die Funktion eines „Vorreiters". Man bezeichnet damit einzelne Menschen oder Gruppen, die sich nicht mit dem Bestehenden zufriedengeben, sondern neue Wege suchen. Damit stoßen sie oft erfolgreich neue Entwicklungen an. Die Avantgarde ist für die Weiterentwicklung von Gesellschaft und Kunst sehr wichtig.

Betrachterrolle

Im Bereich der Bildenden Kunst kann der Betrachter verschiedene Rollen einnehmen. Dies hängt zum einen vom Betrachter selbst, vor allem aber auch vom Künstler ab. So kann der Betrachter eine relativ passive Rolle einnehmen, in der er das Bild auf sich wirken lässt. Dabei nimmt er eine distanzierte Haltung ein, bleibt außerhalb des Kunstwerks. Ab dem 20. Jahrhundert lässt sich in der Kunst die Entwicklung ablesen, dass dem Betrachter zunehmend eine aktive Rolle zugesprochen wird. Er selbst wird Teil eines Kunstwerks, z. B. in Happenings, wo er in die Inszenierung eingeplant wird, oder bei der Land Art, wo er sich das Kunstwerk erlaufen muss.

Biedermeier

Das Biedermeier ist die Epoche in Deutschland zwischen 1815 und 1848. Der Begriff „Biedermeier" war ursprünglich der Name einer literarischen Figur, mit der sich seine Erfinder über das Spießbürgertum lustig machen wollten. Bald verknüpften die Bürger mit dem Biedermeier aber die Erinnerung an die „gute alte Zeit". Ihre Sehnsucht nach einem behüteten Leben kam durch die Unsicherheiten, die die europäischen Revolutionen und der Krieg gegen Napoleon verursachten.
Hinzu kamen 1819 Maßnahmen der Regierung, die Angst vor einem Übergreifen der Revolution auf Deutschland hatte. Die Presse wurde zensiert, Berufsverbote für Wissenschaftler und Künstler ausgesprochen, freie Meinungsäußerungen verboten und die Versammlungsfreiheit eingeschränkt. Als Reaktion auf diese Entwicklung zogen sich Bürger und Künstler ins Private oder hinter versteckte Ironie zurück. Ohne den Blick hinter die idyllischen Bilder des Biedermeier kann man weder diese Zeit verstehen noch die Unterschiede zwischen der französischen und der deutschen Romantik.
Amerling, Spitzweg, Stifter

Bildnerische Mittel

Ein bildender Künstler arbeitet nicht wie ein Dichter mit Worten, er bedient sich eigener Mittel, die aus der künstlerischen Disziplin entstehen. Das sind Farben, Formen, Elemente wie Punkt, Linie und Fläche, die Räumlichkeit des Bildes, kompositorische Mittel wie Richtungen und die Verteilung von Licht und Schatten. Im Lauf der Kunstgeschichte wurden neue bildnerische Mittel entwickelt, z. B. das Einkleben von Gegenständen oder Zeitungsausschnitten in Collagen oder Combine Paintings.

Bildpunkte

Jedes Foto besteht aus Bildpunkten. In der digitalen Fotografie sind das die Pixel, die durch die begrenzte Auflösung des lichtempfindlichen Chips entstehen.
Das Filmmaterial in der analogen Fotografie ist mit lichtempfindlichen Silberverbindungen beschichtet. Diese verdichten sich zu kleinen Körnchen, aus denen sich das fertige Foto zusammensetzt. In starker Vergrößerung kann man diese Bildpunkte erkennen. Sie begrenzen die Schärfe des Bildes: Je weniger Bildpunkte, desto größer sind sie und desto körniger wirkt das Bild. Je mehr Bildpunkte, desto detailreicher ist das Bild, desto mehr Daten enthält es aber auch.

Biografische Arbeit

Bei der biografischen Arbeit steht die eigene Biografie direkt (Auseinandersetzung mit eigener Biografie) oder indirekt (Auseinandersetzung mit fremden oder fiktiven Biografien) im Mittelpunkt des künstlerischen Schaffens. Ein Anlass kann die Spurensuche nach einem Menschen sein.

Collage

Eine Collage ist ein Werk, das aus mehreren Einzelelementen zusammengefügt wird. Ursprünglich bezeichnete das Wort Klebebilder (*coller*: franz. für „kleben"), in denen aus Papieren, Fotos, Zeitungsausschnitten und eigenen Zeichnungen ein neues Bild geschaffen wurde. Ein Vorteil bei der Arbeit an Collagen ist, dass die einzelnen Elemente vor dem Aufkleben verschoben werden können, bis die gewünschte Wirkung gefunden ist.
Im digitalen Zeitalter werden Collagen aus Bilddateien erstellt. Statt Schere und Klebstoff werden Programmfunktionen wie Zauberstab, Maske, ausschneiden und einfügen benutzt. Die Möglichkeiten sind so groß, dass die eingefügten Bildteile oft nicht mehr als Manipulation erkannt werden können. Siehe auch → **Fotocollage**.

Die Brücke

Vier Architekturstudenten schlossen sich 1905 in Dresden zur Künstlergemeinschaft „Die Brücke" zusammen. Ihr Hauptanliegen war, sich von dem ihrer Ansicht nach überholten Stil der Akademien loszulösen. So entwickelten sie gemeinsam einen neuen Stil, der bis heute als Expressionismus bekannt ist. Die für sie wichtigsten bildnerischen Mittel waren Formen und Farbe, die sie gezielt zur Ausdruckssteigerung einsetzten.
Ein wichtiger Aspekt dieser Gruppe war der Gemeinschaftssinn. Alle Mitglieder arbeiteten gemeinsam, sie stellten auch ihre Werke zusammen aus.
Beyl, Heckel, Kirchner, Mueller, Nolde, Pechstein, Schmidt-Rottluff

„Entartete Kunst"

Den Begriff „entartete Kunst" haben die Nationalsozialisten während ihrer Diktatur in Deutschland von 1933 bis 1945 zur Diffamierung von Kunst gebraucht, die nicht ihrem Kunstideal entsprach. Kunst sollte ihrer Auffassung nach den ideologischen Gedanken der „überlegenen arischen Rasse" zum Ausdruck bringen. Als „entartet" wurden Werke von nichtarischen Künstlern betrachtet, aber auch Werke, die in ihrer Gestaltungsweise nicht den Vorstellungen der Nationalsozialisten entsprachen oder die andere politische Auffassungen zeigten. Viele dieser Künstler erhielten Ausstellungs- und Berufsverbote und wurden politisch verfolgt. Wer Deutschland nicht verlassen konnte, musste um sein Leben fürchten. Viele Künstler wurden in Konzentrationslagern ermordet.
In der berüchtigten Ausstellung „Entartete Kunst" wurden aussortierte Werke ausgestellt. In Kombination mit Texten und Fotos wollten die Nazis, die diese Kunst als Werk geistig Behinderter darstellten, beim Betrachter Abscheu erzeugen. Als Gegenstück fand parallel die „Große Deutsche Kunstausstellung" statt, in der den Bürgern die „wahre" Kunst vorgeführt werden sollte.
Nach dem Krieg stellte sich heraus, dass führende Nationalsozialisten als „entartet" aussortierte Kunstwerke heimlich sammelten – sie nutzten die Rechtlosigkeit des Regimes, um die Kunstwerke der verfolgten Künstler zu stehlen.

Erscheinungsfarbe

→ Farbe

Expressionismus

Die moderne Welt ist laut und schrill geworden. Gefühle sollen mit großem Ausdruck (*expression*: franz. für „Ausdruck") in eine Bildsprache umgesetzt werden. Die Farben sind kräftig, kontrastreich, schrill. Die sichtbare Wirklichkeit wird nur noch zum Anlass der Darstellung genommen, die Formen werden kantig und bewegt.
Barlach, Ensor, Hodler, Jawlensky, Kandinsky, Kokoschka, Lehmbruck, Matisse, Modersohn-Becker, Nolde, Pechstein, Schiele, Schmidt-Rottluff, Die Brücke, Der Blaue Reiter

Farb- und Luftperspektive

Farben erzeugen einen Eindruck von Räumlichkeit. Warme, braune Erdfarben drängen in den Vordergrund, Grüntöne liegen eher im Mittelgrund, kalte Blautöne weichen in den Hintergrund zurück – man spricht von Farbperspektive.
Wenn wir in die Ferne schauen, wirken die Dinge heller und verlieren an Detailgenauigkeit. Ursache sind die vielen Schwebepartikel in der Luft, die zwischen den Gegenständen und unserem Auge liegen. Sie streuen das Licht, was zu einer Aufhellung der Farben mit zunehmender Entfernung führt. Dieser Effekt wird als Luftperspektive bezeichnet.

Farbe

Farbmittel

Farbe besteht aus festen Teilchen, die in Flüssigkeit gelöst oder mit Flüssigkeit gebunden werden können. Teilchen mit starker Färbewirkung heißen Pigmente. Besonders in der Zeit nach 1945 experimentierten Maler mit verschiedenen Farbmitteln (Erde, Pflanzenteile, rostendes Eisen usw.), um die Farbe als Material zu thematisieren.

Farbwahrnehmung

Dass wir überhaupt Farben an Gegenständen wahrnehmen können, liegt an der Eigenschaft der Materialien, von dem auftreffenden Licht nur bestimmte Wellenlängen zu reflektieren oder aufzunehmen. Weißes Licht enthält alle Farben. Wird alles Licht absorbiert, also nichts reflektiert, sehen wir reines Schwarz. Die **Erscheinungsfarbe**, also die Farbe, die wir tatsächlich sehen, muss unterschieden werden von der **Gegenstandsfarbe**, die ein Gegenstand in Wirklichkeit hat. So setzt sich die Gegenstandsfarbe des Blattwerks eines Baumes im Sommer aus unzähligen Grüntönen zusammen, während seine Erscheinungsfarbe aus 50 Metern Entfernung ein optisches Gemisch dieser Grüntöne und der Wirkung von Licht und Schatten ist. Aus größerer Entfernung sehen wir das Grün des Blattwerkes (Gegenstandsfarbe) wiederum als Blautöne (Erscheinungsfarbe).
Wir ordnen Farben auch bestimmte räumliche Wirkungen zu. Blaue Farben weichen eher in den Hintergrund zurück, rote dagegen scheinen in den Vordergrund zu drängen. Diese **Farbperspektive** wird oft von der **Luftperspektive** überlagert: Sehen wir eine Farbfläche über große Entfernung, so brechen sich die Lichtstrahlen an den Teilchen der Atmosphäre. Langwellige Strahlen werden stärker ausgefiltert als die kurzwelligen Blau- und Violett-Töne, das Licht der Atmosphäre vermischt sich mit der Farbstrahlung der Farbfläche. Daher sehen wir einen weit entfernten Wald hellblau.

Farbdimensionen

Um die unendliche Vielfalt von Farben unterscheiden zu können, werden, je nach Eigenart der Farbmischung, verschiedene Farbdimensionen eingeteilt.

- **Farbqualität** bezeichnet den Farbton an sich: Rot, Orange, Gelb usw. Die unterschiedlichen Farbqualitäten lassen sich im Farbkreis nach den drei Grundfarben Rot, Gelb und Blau und ihren Mischfarben erster und zweiter Ordnung übersichtlich anordnen.
- Eine Farbe kann unterschiedliche **Helligkeitswerte** haben. Die Helligkeit ergibt sich durch Aufhellen oder Abdunkeln. So kann z. B. zwischen Hellgrün oder Dunkelgrün unterschieden werden.
- Die **Intensität** einer Farbe beschreibt, wie stark sie gesättigt ist. Jede Beimischung einer anderen Farbe oder von Wasser setzt die Intensität herab. Andere Begriffe für Intensität sind Sättigung oder Reinheitsgrad der Farbe.

Farbmischung

Farbe ist ein Phänomen des Lichts. Bestrahlt man ein Prisma mit Tageslicht, so spaltet es sich dort in sieben Farben auf. Du kennst diese **Spektralfarben** vom Regenbogen. Diesen Vorgang kann man aus beiden Richtungen durchführen: Vom weißen Licht zu den Spektralfarben und von den Spektralfarben zu weißem Licht.
Bei der **subtraktiven Farbmischung** geht man gedanklich von einer weißen Körperoberfläche aus, z. B. von weißem Papier. Wird nun rote Farbe aufgetragen, passiert Folgendes: Die Grundfarben Grün und Blau werden von der weißen Fläche aufgenommen, nur das Rot wird reflektiert. Wir sehen also Rot, weil die anderen Farben entzogen (subtrahiert) werden.

Werden alle Spektralfarben aufgenommen, erhält man Schwarz, weil die Oberfläche alle Spektren des Lichts aufnimmt.
Diese Form der Farbmischung kennst du vom Mischen bei Malfarben. Komplementärfarben mischen sich zu Grau.

Bei der **additiven Farbmischung** mischt man die einzelnen Spektralfarben durch Übereinanderstrahlen zusammen. Mischt man rotes und grünes Licht, so addieren sie sich zu gelbem Licht. Alle Spektralfarben zusammen ergeben Weiß, weil die gesamten Lichtspektren, die zuvor getrennt wurden, wieder zusammengefügt (addiert) werden.
Diese Form der Farbmischung wird in Bildschirmen eingesetzt. Du findest in Bildbearbeitungsprogrammen die Möglichkeit, Farben mit Schiebereglern zu mischen. Dieses Mischverfahren baut auf der additiven Farbmischung auf. Die so gemischten Farben heißen nach den Grundfarben Rot, Grün und Blau „RGB-Farben".
Die **optische Farbmischung** ergibt sich aus einem anderen Effekt. Werden sehr kleine Farbflächen eng nebeneinandergesetzt, so kann unser Auge sie nicht mehr einzeln unterscheiden. Sie verschwimmen zu einer Farbfläche. Da unser Auge keine eindeutige Farbinformation erhält, scheinen optisch gemischte Farbflächen zu flimmern.

Farbwirkung

Farben berühren immer auch unsere Gefühle. So wirken manche Farbgebungen auf uns harmonisch, andere künstlich, grell, kalt usw. Schon vor 2500 Jahren wurden Theorien aufgestellt, die die harmonische Wirkung von Farben erklären sollten.
Woher die Wirkung von Farben kommt, ist unklar. Erfahrungen spielen eine Rolle, denke an das satte Grün einer regengetränkten Landschaft oder an die Farben einer Winterlandschaft.
In früheren Zeiten waren vor allem reine Farben sehr teuer in der Herstellung. Daher schmückten sich Herrscher des Adels oder der Kirche mit ihnen, sodass sie im Lauf der Zeit eine **Symbolwirkung** bekamen. Gebräuchliche Symbolzuschreibungen sind:
Rot: Rot wie die Liebe, der purpurrote Kaiser- oder Königsmantel (sehr teuer herzustellen), die roten Warnschilder (Rot sticht in normalen Landschaftsfarben am stärksten heraus).
Gelb: Die gelbe Karte im Fußball und Gefahrensymbole mit gelbem Hintergrund (helle Hintergrundfarbe, von der sich schwarze Schrift gut abhebt), yellow press.
Blau: Der Mantel Marias als Mutter Jesu (Farbe des Himmels).
Grün: Hoffnung, Leben (aus der Pflanzenwelt).
Schwarz: Trauer, Unglück (Schwarz entsteht durch Abwesenheit von Licht).

Farbkontraste

Farben beeinflussen sich gegenseitig. Große Unterschiede zwischen zwei Farben werden als Farbkontrast bezeichnet. Man unterscheidet verschiedene Kontrastmöglichkeiten:
Der **Komplementärkontrast** ist der größte Unterschied in der Qualität der Farbe.
Ein **Helligkeitskontrast** entsteht durch Beimischen von Schwarz oder Weiß.

Der **Intensitätskontrast** bezeichnet den Unterschied zwischen einer reinen zu einer unreinen Farbe (mit anderen Farben vermischt) oder zwischen einer gesättigten und einer stark verwässerten.

Temperaturwertkontraste stammen aus unserer Erfahrung. Orangerot ist die wärmste, Blaugrün die kälteste Farbe.

Als **Simultankontrast** wird die Wechselwirkung direkt benachbarter Farbflächen bezeichnet. Ein Rot innerhalb einer gelben Farbfläche wirkt anders als in einer blauen.

Fluchtpunktperspektive

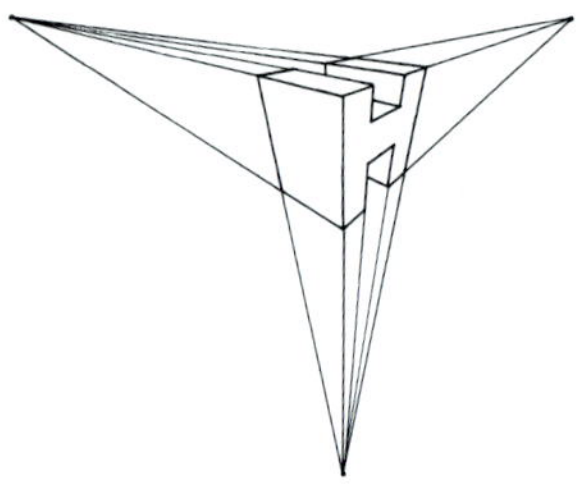

Fluchtpunktperspektive mit drei Fluchtpunkten (links, rechts, unten)

Als perspektivische Darstellung bezeichnet man die Vortäuschung einer Räumlichkeit auf einer ebenen Bildfläche. Dabei werden alle Linien, die in die Tiefe des Raumes verlaufen, schräg und verkürzt gezeichnet.

Aus eigener Erfahrung weißt du, dass wir die Dinge, die weit im Hintergrund liegen, kleiner sehen. Das gilt auch für Abstände. Beim Bahngleis z. B. verlaufen die Schienen natürlich immer parallel zueinander. Wenn wir den Schienenstrang entlangsehen, scheint der Abstand aber immer kleiner zu werden, bis beide Schienen sich schließlich berühren. Den Punkt, in dem sich die Linien in der Raumtiefe treffen, nennt man „Fluchtpunkt". Er liegt auf einer waagerechten Linie genau in Augenhöhe des Betrachters, dem Horizont.

Da der Raum dreidimensional ist, sehen wir alle Gegenstände mit drei Fluchtpunkten.

Beim Anlegen einer Zeichnung in Fluchtpunktperspektive gehst du in Schritten vor.

Schritt 1: Festlegen der Ansicht mithilfe der Horizontlinie

Liegt die Horizontlinie im unteren Teil des Bildes, sieht der Betrachter die Gegenstände von unten (Froschsicht). Die Froschsicht wählt man, wenn Gegenstände riesig wirken sollen. Liegt die Horizontlinie dagegen oben, so sieht der Betrachter alles von oben (Vogelsicht). Diese Ansicht ist geeignet, wenn man einen Blick auf kleine Gegenstände oder aus der Höhe zeigen möchte. Eine Horizontlage in der Mitte des Bildformats ergibt eine Sicht auf die Szenerie, wie wir sie aus dem Alltag gewohnt sind.

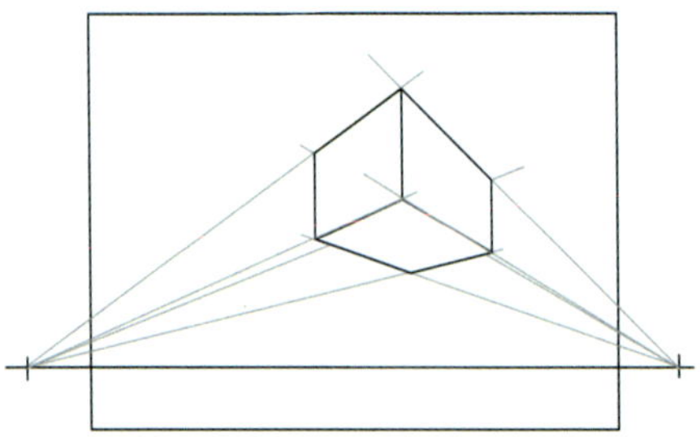

Froschsicht

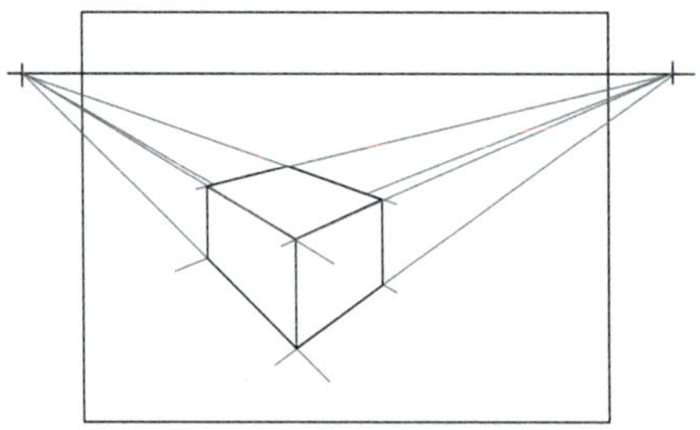

Vogelsicht

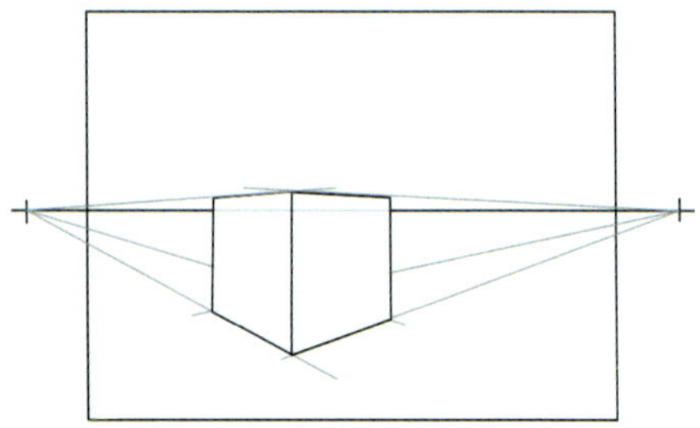

Normalsicht

Schritt 2: Festlegen der Fluchtpunkte

Je näher ein Gegenstand am Fluchtpunkt liegt, desto verzerrter wirkt er. Daher sollten die Fluchtpunkte außerhalb des Bildformats liegen. Ein einfacher Trick:

Nimm ein großes Papier und zeichne einen kleineren Rahmen darauf. Dieser Ausschnitt ist am Ende das eigentliche Bildformat. Ziehe nun die Horizontlinie über die ganze Blattbreite und wähle als Fluchtpunkte die Stellen, an denen die Horizontlinie die Blattkanten schneidet.

Schritt 3: Zeichnen der Grundform

Stelle die Figur, die du zeichnen möchtest, leicht schräg vor dich. Zerlege sie gedanklich in geometrische Grundformen – zunächst zeichnest du nur diese einfachen Formen.

Beginne mit der vordersten senkrechten Kante des Körpers. Von den oberen und unteren Ecken ziehst du dünne Linien zu den Fluchtpunkten (Zustand A).

Zeichne nun die Grundform der Figur (Zustand B). Von der vorderen Ecke aus verlaufen alle nach links gehenden Kanten auf den linken Fluchtpunkt und alle nach rechts gehenden auf den rechten. Achte auf die Proportionen. Sie müssen überzeugend aussehen. Wenn du hier Fehler machst, kannst du sie später nur noch schwer verbessern.

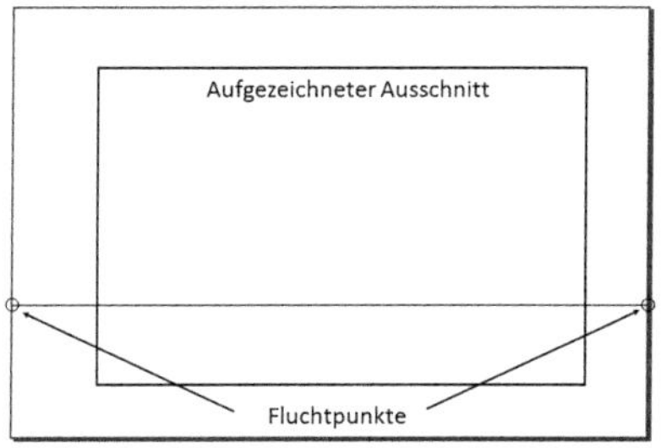

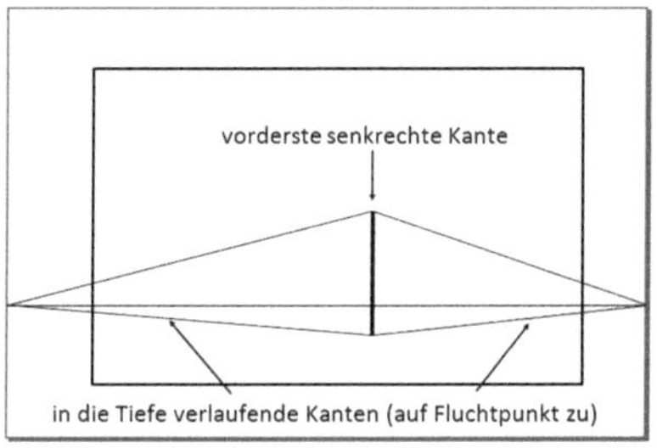

Zustand A

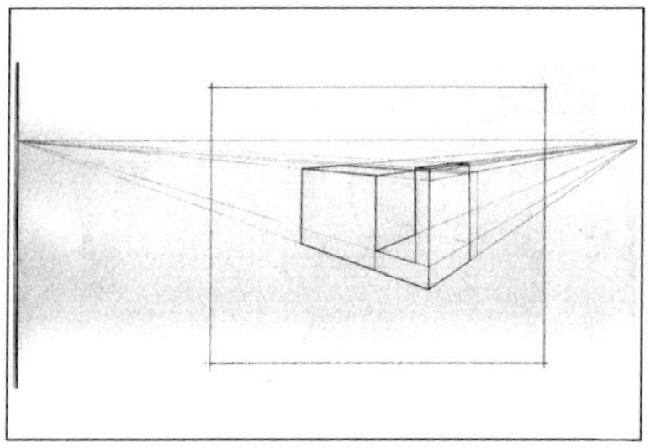

Zustand B

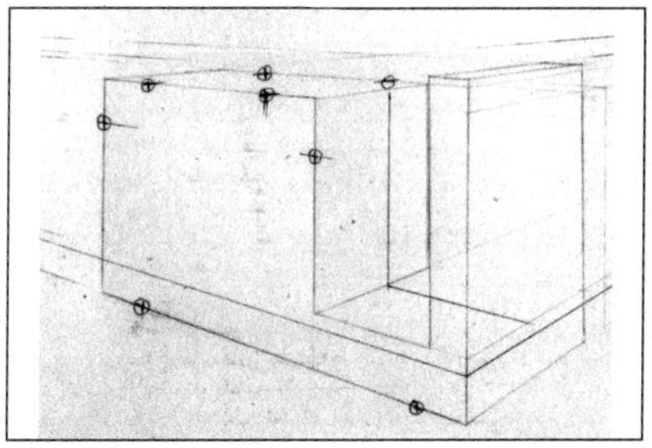

Zustand C

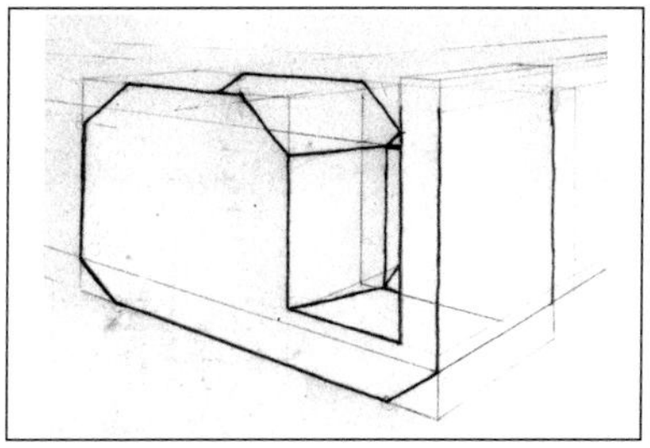

Zustand D

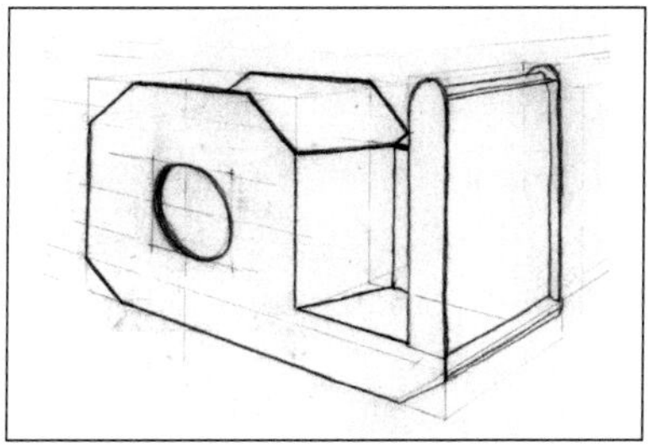

Zustand E

Nun musst du die Ecken und Kanten der wirklichen Form zeichnen. Alle parallelen Kanten laufen auf denselben Fluchtpunkt zu. Radiere zunächst die Grundform so weit heraus, dass sie gerade noch zu sehen ist. Übertrage dann die Schnittpunkte der Kanten als Hilfsmittel auf die Grundform (in Zustand C eingekreist).

Schritt 4: Zeichnen der Form

Nun werden die Kanten gezeichnet. Dort, wo schwierige Details zu meistern sind, zeichnest du zunächst nur mit schwachem Druck, damit du noch verbessern kannst (Zustand D).

Kreise sind in der perspektivischen Verkürzung besonders schwer. Du musst sie über ihre rechteckige Hüllform konstruieren. Zeichne das Rechteck und die Mittelsenkrechten seiner Seiten. Vorsicht: Die Mitte kannst du wegen der perspektivischen Verkürzung nicht ausmessen, du musst sie nach Gefühl bestimmen.

Dann zeichnest du den Kreis. In jedem Viertel des Quadrats soll ein gleich groß aussehendes Kreissegment gezeichnet werden.

Nun werden nach und nach alle Details gezeichnet.

Formen

Die Gestalt eines Körpers setzt sich aus unterschiedlichen Formen zusammen. Sie können nach Merkmalen unterschieden werden: runde und eckige Formen, große und kleine, scharf umgrenzte und zur Umgebung verfließende. Geometrische Grundformen unterscheiden sich von freien Formen. Formen, die an Pflanzen erinnern, werden als vegetativ bezeichnet, regelmäßige Formen werden geometrischen Grundformen wie Kreis, Dreieck, Quadrat zugeordnet. Neben den flächigen Formen gibt es auch räumliche (Kugel, Pyramide, Würfel usw.).
Mit Formen verbinden wir immer auch Gefühle. So werden manche Formen als aggressiv empfunden, andere als weich, technisch oder ruhig.
Unsere Wahrnehmung verbindet Formen sehr stark mit Erfahrungen. So nehmen wir beispielsweise, wenn wir um einen Stuhl herumgehen, die Gestalt dieses individuellen Stuhls in immer neuen Formen wahr, ohne dass uns das bewusst wird.

Fotocollage

Die Fotocollage ist ein Bild aus einzelnen Fotos. Die unterschiedlichen Blickwinkel und Verzerrungen des Kameraobjektivs lassen in der Zusammensetzung einen bruchhaften Eindruck entstehen, der als künstlerischer Ausdruck interessant sein kann.
Am Computer lassen sich über das Stitching-Verfahren einzelne Bilder automatisch zu einem nahtlosen Panorama zusammenfügen. Wichtig ist dabei, dass von einem Standort aus fotografiert wird. Die Faszination liegt bei diesem Verfahren darin, dass Details sichtbar werden, die sonst verborgen bleiben.

Fotografie

Fotografien werden mit Licht gemacht.
Technisch gesehen wird zunächst ein Bild durch Lichtstrahlen auf eine lichtempfindliche Schicht projiziert. Zur Zeit der Erfindung der Fotografie war diese Schicht eine beschichtete Metallplatte. Später wurde das Bild als Negativ auf transparentem Celluloid fixiert. Heute dient dazu meistens ein lichtempfindlicher Chip. Der zweite Schritt zum Erstellen eines Fotos unterscheidet sich je nach Verfahren: Bei Fotoabzügen wird in der Dunkelkammer durch das Negativ hindurch Licht auf ein Fotopapier projiziert und dabei das Negativbild (Hell und Dunkel sind vertauscht, die Farben sind als Komplementärfarben abgebildet) in ein Positivbild umgewandelt. Bei Fotodrucken nach digitalen Bildvorlagen werden die Dateien des Fotoapparats über einen Drucker ausgedruckt.
Fotografien fangen einen Augenblick des Lebens ein. Die Kunst beim Fotografieren ist, das Sichtbare so im Bild zu komponieren, dass nicht nur ein Abbild der Wirklichkeit entsteht, sondern die Idee des Fotografen umgesetzt wird.
Heute beziehen viele Fotokünstler die digitale Bildarbeit in ihre Fotografien ein. Dadurch manipulieren sie nicht nur die Bilder, sondern auch den Betrachter, weil er von einem Foto eine unverfälschte Sicht der Welt erwartet.

Fruchtbarer Moment

In Filmen kann man Bewegungen sehr gut einfangen, weil der gesamte Bewegungsablauf festgehalten wird. Ein Foto, ein Gemälde oder eine Skulptur erfasst dagegen immer nur einen Augenblick aus diesem Prozess. Viele dieser Zwischenphasen sehen sehr untypisch aus und machen die Bewegung nicht richtig nachvollziehbar. Der fruchtbare Moment ist der Augenblick, in dem man die vorausgegangene und die folgende Bewegung gut verstehen kann. Der fruchtbare Moment kann auch inhaltlich aufgefasst werden. Er bezeichnet dann den entscheidenden Augenblick der abgebildeten Szene: Das Händeschütteln der Politiker, die hochgehaltene Meisterschale, die versunkene Pose des Denkers.

Futurismus

Der Futurismus ist eine Stilrichtung der Bildenden Kunst zu Beginn des 20. Jahrhunderts, die besonders in Italien verbreitet war. Wie viele Menschen dieser Zeit waren die Futuristen sehr zukunftsgläubig. Der rasche technische Fortschritt schürte den Glauben an den Aufbruch in ein goldenes Zeitalter. Die Futuristen thematisierten in ihren Werken Bewegung, Geschwindigkeit und Technik. Gleichzeitig lehnten sie die Verehrung der Vergangenheit radikal ab. Den Krieg bezeichneten sie als „Hygiene der Welt", weil im Krieg Altes zerstört und so Platz für die Gestaltung der Zukunft geschaffen würde. Diese menschenverachtende Sicht rückte sie in die Nähe des Faschismus.

Goldener Schnitt

Der Goldene Schnitt ist das Größenverhältnis zweier Elemente von etwa 5 : 8. Für den Goldenen Schnitt gib es in der Natur erstaunlich viele Beispiele, z. B. in den Proportionen des menschlichen Körpers (s. S. 102). Vermutlich empfinden wir deshalb diese Proportionen als sehr harmonisch. Die Diagonalen des Seesterns teilen sich in seinem Verhältnis, die Breite eines Eichenblattes steht im Verhältnis 5 : 8 zu seiner Länge.
In der Kunst wurden von der Antike an Plastiken, Gebäude und Gemälde nach dem Goldenen Schnitt konstruiert.

Hermeneutischer Zirkel

Die Hermeneutik ist die Lehre vom Verstehen. Sie versucht zu erklären, wie wir zu Erkenntnis kommen. Ihre Antwort: Lernen ist ein Vorgang, bei dem neues Wissen an vorhandenes Wissen angebunden wird. Mit der neuen Erkenntnis verstehen wir das bisher Bekannte besser, sodass das Lernen kein reiner Fortschritt nach vorne ist, sondern eine Kreisbewegung – ein hermeneutischer Zirkel.
Da unsere Erkenntnis immer tiefer in die Wirklichkeit vordringt, ist der Erkenntnisprozess auch nie abgeschlossen. Er ist eigentlich keine Kreisbewegung, sondern eher mit dem Aufsteigen auf einer Wendeltreppe vergleichbar.

Humanismus

Humanismus bezeichnet grundsätzlich eine geistige Grundhaltung, die den Menschen und seine Erkenntnisfähigkeit in den Mittelpunkt rückt. Ziel des Humanismus ist eine umfassende Bildung des Menschen in allen Bereichen, aus der heraus ein guter Mensch entstehen und existieren kann.
Im 14. Jahrhundert entwickelte sich der Humanismus als Gegenbewegung zu der von der Kirche dominierten Erklärung der Welt. Man entdeckte die Texte der griechischen Philosophie aus dem 5. Jahrhundert v. Chr. neu, in denen die Leistungen des menschlichen Geistes als Grundlage einer guten Gesellschaftsordnung erkannt wurden.

Ikone

Eine Ikone ist ein Abbild eines Heiligen. Ikonen fanden vor allem im orthodox-religiösen Raum (Ost- und Südosteuropa) weite Verbreitung. Sie sollen der Verbindung zwischen Gott und den Gläubigen dienen. Heute ist der Begriff der Ikone in anderen Zusammenhängen weit verbreitet. Die Musikerin Lady Gaga wurde z. B. als Stilikone der Jahre um 2010 bezeichnet, weil sie mit ihrem Style als Sinnbild und Zeichen für die inszenierte Medienwelt gesehen wurde.

Imagewerbung

Werbung versucht, unsere Meinung zu beeinflussen, um das beworbene Produkt zu verkaufen. Sind die Verbraucher bereits über die Eigenschaften und den Preis eines Produktes informiert, so soll durch unbewusst wirkende Imagewerbung ein Kaufimpuls ausgelöst werden. Das Produkt wird dabei in einen weiteren Zusammenhang gestellt, der positiv „abfärben" soll – es erhält ein Image.

Impressionismus

Mitte des 19. Jahrhunderts arbeitete eine Reihe von Künstlerinnen und Künstlern an einer neuen Ausdrucksform der Malerei. Die herkömmliche, an den Kunstakademien gelehrte Malerei brachte sehr ähnliche Bilder hervor. Sie wurden nach einer festen Kompositionslehre aufgebaut, vorgezeichnet und kunstvoll ausgemalt. Das Bürgertum kaufte gefällige Kunst, um seine Wohnungen zu schmücken. Die zu Beginn des 19. Jahrhunderts erfundene Fotografie ersetzte die abbildende Funktion der Kunst. Allerdings konnte sie nur Schwarzweiß-Bilder erzeugen. Da die Bildplatten lange belichtet werden mussten, war das Festhalten kurzer Momente unmöglich.
Die Neuerer suchten nach dem Wesen der Malerei und fanden es im farbigen Licht. Je nach Tageszeit und Wetter erscheint die Natur „in neuem Licht"; genau diese flüchtigen Momente fingen sie ein. Ihre erste gemeinsame Ausstellung wurde ein Fiasko, die Bilder wurden verspottet. Nach Monets „l'impression, soleil levant" (Eindruck, Stimmung bei Sonnenaufgang) wurden die Künstler Impressionisten genannt. Dies war ironisch gemeint, schließlich beschäftigte sich die herkömmliche Kunst mit heroischen und ewig gültigen Bildthemen. Was sollte da ein flüchtiger Eindruck bedeuten?
Bei den jungen Künstlern verbreiteten sich die neuen Ideen der Impressionisten dagegen wie ein Lauffeuer. Die Kunst war aufgebrochen zu neuen Ufern, auf der Suche nach ihrem Wesen. Mit dem Impressionismus beginnt die Moderne.
Blechen, Constable, Courbet, Degas, Leibl, Liebermann, Manet, Menzel, Monet, Renoir, Sisley, Thoma, Turner

Installation

Bei einer Installation arbeitet der Künstler mit verschiedenen, zum Teil auch fertigen Materialien, die er in Bezug zum Raum zusammenfügt. Spielt die Räumlichkeit eine zentrale Rolle, so bezeichnet man das als Rauminstallation. Ein wichtiger Bestandteil können auch Videofilme sein. In diesem Fall spricht man von einer Videoinstallation. Da der Ausstellungsraum mit einbezogen wird, ist eine Installation für den Betrachter eine besondere Erfahrung, da er sozusagen im Kunstwerk steht und so ein Teil dessen wird.

Karikatur

Eine Karikatur ist eine satirische Darstellung von Personen oder gesellschaftlichen Zuständen. Die Karikatur versucht, gleichermaßen zum Schmunzeln und zum Nachdenken anzuregen. Um dies zu erreichen, werden Personen oder Situationen überzeichnet dargestellt. Eine Schwierigkeit beim Betrachten von älteren Karikaturen ist, dass der Karikaturist in seiner Zeit bekannte Zeichen und Symbole einsetzt, die uns heute nicht mehr geläufig sind.

Klassizismus

Der Klassizismus ist eine Stilrichtung der Bildenden Kunst um 1800. Sein zentrales Thema ist der Mensch.
Der Klassizismus ist eng verbunden mit dem Gedankengut der französischen Revolution und der → **Aufklärung**.
David, Tischbein, Schick, Schinkel

Klonbild

Ein Klonbild entsteht aus mehreren Fotografien, die unter möglichst gleichen Bedingungen von einem Stativ aus aufgenommen wurden. Dabei muss das Bild mit der hintersten Person als Hintergrundbild dienen. Alle weiteren Bilder werden in einem Bildbearbeitungsprogramm von hinten nach vorne als neue Ebene eingefügt. Im nächsten Schritt muss die Umgebung in den jeweiligen Ebenen wegradiert werden. Nun scheint ein Klon gleichzeitig und mehrfach im Bild.

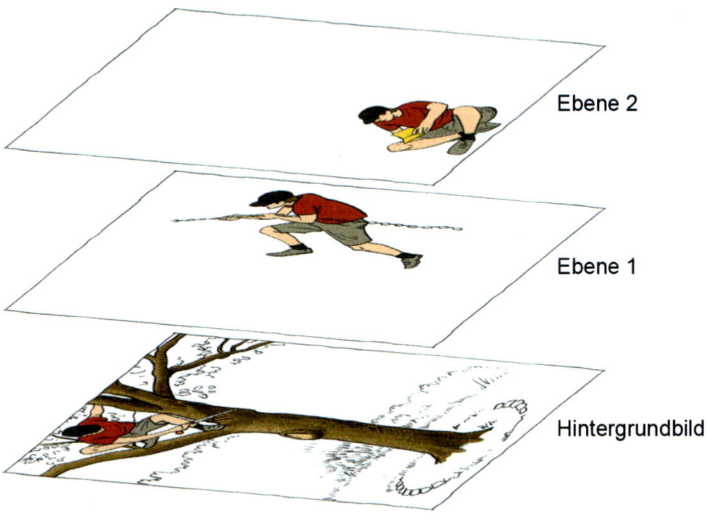

Fertiges Bild

Komposition

Das lateinische Wort *kompositere* heißt „zusammenstellen". Ein Musiker tut dies mit Noten, die er hintereinanderstellt und aufeinander abstimmt. Auch ein bildender Künstler muss sein Werk komponieren, das heißt, er verteilt seine Motive auf der Bildfläche so, dass ein gelungenes Zusammenspiel entsteht. In einer Komposition plant der Künstler die Verteilung der Flächen, der Helligkeit, der Farben. Wichtig sind Achsen und Richtungen, die sich durch Formen ergeben. Diagonale Kompositionsachsen wirken kraftvoll, horizontale dagegen ruhig.

Kontext

Der lateinische Begriff *contextus* wird mit „verflochten" übersetzt. Sucht man den Kontext eines Kunstwerks, so sucht man nach Informationen, die mit ihm verbunden sind. Das ist oft der gesellschaftspolitische Zusammenhang: Wie lebten die Menschen zur Entstehungszeit des Kunstwerks? Wie ist das Kunstwerk mit den politischen Verhältnissen verwoben? Was beeinflusste die Gedanken des Künstlers? Hinter dem Blick auf den Kontext steht die grundlegende Überzeugung, dass Künstler mit ihrer Kunst auf aktuelle Verhältnisse reagieren.

Konvexspiegel

Der Konvexspiegel zeichnet sich durch sein nach außen gewölbtes Spiegelglas aus. Konvexspiegel begegnen uns aufgrund ihrer Eigenschaft, den Blickwinkel zu erweitern, im Straßenverkehr. Eine weitere Eigenschaft, nämlich die Verzerrung, kennst du aus Spiegelkabinetten. Der gleiche Effekt entsteht mit dem Fish-Eye-Objektiv in der Fotografie.

Kubismus

Kubismus ist eine sehr missverständliche Bezeichnung für einen Kunststil zu Beginn des 20. Jahrhunderts, denn „Kuben" (= Würfel) findet man in den Werken der Kubisten fast gar nicht. Die Kubisten lehnten den Illusionismus stark ab. Sie wollten keine Bilder „von" den Dingen, sondern „über" die Dinge schaffen und sie damit viel vollständiger darstellen, als das ein illusionistisches Bild kann. So malten sie ihre Motive z. B. von mehreren Seiten gleichzeitig in einem Bild.
Es werden die Formen des analytischen und des synthetischen Kubismus unterschieden.
Braque, Delaunay, Feininger, Gris, Marc, Picasso

Künstlerbiografie

Eine Biografie ist die Beschreibung eines Lebenslaufs. Da Kunst immer Geheimisse beinhaltet, können Biografien von Künstlern dazu dienen, deren Kunst besser zu verstehen. Man sucht nach Erlebnissen, die Einfluss auf das Werk haben könnten.

Künstlerisches Projekt

Jedes künstlerische Projekt ist grundsätzlich von zwei Fragen geprägt:
- **Was** möchte ich?
- **Wie** möchte ich es umsetzen?

Die Auseinandersetzung mit diesen Fragen darf dabei nicht nur im Kopf geschehen, sondern sollte von Beginn an sehr praktisch orientiert sein. Hilfreich ist, die einzelnen Schritte der Ideenfindung und Umsetzung zu dokumentieren, z. B. in einem künstlerischen Tagebuch. So hat man immer wieder die Möglichkeit des Vergleichs und kann die Entwicklung der eigenen Arbeit beobachten.
Folgende Schritte werden dir helfen, den Prozess eines künstlerischen Projekts zu durchlaufen: Zunächst sollte der **Anlass** feststehen, z. B. „Wir wollen Kunst mit einer politischen Aussage machen."
Daran anschließend geht es darum, **Ideen** zu diesem Anlass zu sammeln. Dazu solltest du deine Wahrnehmung schärfen, die Augen offen halten für Themen und Ideen, die infrage kommen. Du kannst dir in dieser Phase Notizen machen, Bilder aus Zeitungen sammeln, Fotos machen, Recherche betreiben usw. Im Laufe dieser Sammelphase wirst du wahrschein-

lich selbst schon merken, dass dich ein Thema, eine Idee besonders interessiert. Dieses eine **Thema** solltest du **herausfiltern**.
Ist die inhaltliche Entscheidung gefallen, geht es nun um die Art und Weise der **künstlerischen Umsetzung**. Hier hilft es dir, wenn du genau weißt, was du inhaltlich möchtest, da davon auch die Umsetzung abhängt. Für ein Projekt zu politischer Kunst eignet sich z. B. die Collage, weil du Ausschnitte aus den Medien umarbeiten kannst, oder ein Druck, weil du deine Kunst damit vervielfältigen kannst. Auch hier ist es aber wichtig, dass nicht zwangsläufig die erste Idee die Beste ist. Fertige verschiedene **Entwürfe** an. Gehe auf **Materialsuche,** behalte dabei immer im Kopf, worum es eigentlich geht.
Wenn du denkst, dass du in einer Sackgasse gelandet bist, leg die Sachen einfach ein paar Tage beiseite oder zeige sie einem Unbeteiligten. Ein bisschen **Abstand** kann bei Entscheidungsschwierigkeiten nämlich wahre Wunder bewirken.
Hast du dich für eine Art der Umsetzung entschieden, solltest du dich direkt **an die Arbeit machen**. Natürlich ist es nun sehr schön, zu sehen, wie das eigene Werk wächst und sich schnell dem Ende nähert. Verliere dabei aber nie die **Selbstkritik**. Hinterfrage dich und dein Kunstwerk immer wieder, ob es zu deiner Idee und dem, was du dir zu Beginn vorgenommen hast, passt. Dabei ist es wichtig, dass Kunst **keine Einbahnstraße** ist. Hast du dich einmal entschieden, heißt das nicht, dass die Ursprungsidee nie mehr abgewandelt werden darf, ganz im Gegenteil. Erst im Laufe der Arbeit wirst du erkennen, wo es wirklich hingeht. Dabei darf man auch nie vergessen, dass jeder Schritt auf dem Weg wichtig war und zum endgültigen Ziel geführt hat, auch wenn man Zwischenergebnisse verwerfen muss.
Am Ende dieses Prozesses solltest du sowohl mit der handwerklichen Ausführung als auch mit der inhaltlichen Aussagekraft deines Kunstwerkes zufrieden sein und den Arbeitsprozess somit **bewusst und zufrieden beenden**.
Ein entscheidender Schritt, der sich an den Entwicklungsprozess anschließt, ist die Frage nach der **Präsentation** und der eventuellen **Konzeption einer Ausstellung**.

Künstlerrolle

Die Rolle des Künstlers wird nicht nur von seiner Selbstwahrnehmung, sondern vor allem von der Gesellschaft bestimmt. Unser heutiges Verständnis eines Künstlers und die Rolle, die er oder sie in der Gesellschaft einnimmt, haben sich langsam entwickelt. Während der Künstler im Mittelalter als Handwerker betrachtet wurde, galt er ab der Renaissance als genialer Schöpfer. Im 20. Jahrhundert verstießen Künstler immer wieder gezielt gegen die Erwartungen, die an sie gerichtet wurden.

Kunstaktion

Bei einer Kunstaktion besteht das Kunstwerk in einer Aktion, also einer Handlung des Künstlers. Sie stellt eine Verbindung zwischen Bildender Kunst und Theater dar. Dabei kann das Publikum als Zuschauer dienen oder in die Handlung eingebunden werden.
Gegenstände, Filme oder Fotos, die bei der Kunstaktion entstehen und später gezeigt werden, sind nicht das Kunstwerk selbst. Sie helfen, die Aktion nachempfinden zu können.

Land Art

Kunst mit Natur? In der Land Art werden ganze Landschaften zur Kunst gemacht. Der Künstler greift entweder sanft ein, indem er die Natur poetisch verändert oder ergänzt. Oder er greift hart ein, indem er Formen der Natur mit Bagger und Sprengstoff verändert.
Christo, Goldsworthy, Heizer, Long, Smithson

Manierismus

Mit Manierismus wird die Übergangszeit von der Renaissance zum Barock bezeichnet. Begonnen in Italien, etwa um 1520, verbreitete sich der Manierismus in Frankreich, den Niederlanden und Deutschland. Dort prägte er die Kunst bis ca. 1620. Die Manieristen knüpften an die Stilmerkmale der Renaissancekünstler an und setzten sie spielerisch und mit großer Kunstfertigkeit ein. Wesentliche Merkmale manieristischer Kunst sind, wie der Name (von „manieriert" = künstlich, übertrieben) sagt, z. B. verdrehte, überlängte Figuren in komplizierten Raumsituationen. Die Manieristen wandten sich vom Schönheitsideal der Renaissance ab. In diesem Verhalten spiegelt sich der historische Hintergrund der Frühen Neuzeit wieder, die von Spannungen und Umbrüchen geprägt war.
Das Attribut „manieriert" wird auch negativ verwendet: Eine manierierte Kunst ist gekünstelt, unecht, affektiert.
Correggio, El Greco, Parmigianino, Tintoretto

Menschenbild

Ein Menschenbild ist die geistige Vorstellung von dem, was das Wesen des Menschen ausmacht oder ausmachen soll.
In der Bildenden Kunst findet das Menschenbild einen visuellen Ausdruck. Aus der Art und Weise der Darstellung von Menschen kann man auf das Menschenbild des Künstlers rückschließen. Voraussetzung ist, dass der Mensch sich selbst für darstellenswert hält.

Moderne

„Moderne" ist ein schwer fassbarer Begriff. Er bezeichnet eigentlich die Unterscheidung der Kultur der Gegenwart von der der Vergangenheit. Allerdings wandert in diesem Sinn die Moderne immer weiter; modern ist, was gerade der Zeit entspricht. Was heute modern ist, ist morgen altmodisch.
In der Geschichte der Kultur gab es mehrere Umbrüche, in denen es so tiefgreifende Änderungen gab, dass die neue Zeit ausdrücklich „Moderne" genannt wurde. Besonders der Übergang vom 19. ins 20. Jahrhundert war so ein Umbruch. Da weitere folgten, z. B. der Umbruch nach dem Zweiten Weltkrieg, wird das beginnende 20. Jahrhundert rückblickend „Klassische Moderne" genannt.
In den 1980er-Jahren bezeichnete sich eine Stilrichtung selbst als Postmoderne. Sie wollte den Drang, modern zu sein, hinter sich lassen und nach einer zeitlosen Kunst suchen.
Um die Schwierigkeit im Umgang mit dem Begriff „Moderne" zu bewältigen, wird oft von „zeitgenössischer Kunst" gesprochen. Kunst, die etwas grundsätzlich Neues schaffen will, die die Kunst im Allgemeinen voranbringen will, die Fortschritt um des Fortschritts willen sucht, wird Avantgarde oder avantgardistische Kunst genannt.

Objet trouvé

Übersetzt heißt dieser französische Begriff „gefundener Gegenstand". Er bezeichnet Kunstwerke, die aus vorgefundenen und nicht für die künstlerische Verwendung hergestellten Teilen bestehen oder zusammengesetzt sind. Verwandte Formen sind → **Ready-mades** und → **Assemblagen**.

Plastik

Die Plastik gehört neben der Architektur zu den dreidimensionalen Kunstgattungen. Unterteilt man den Bereich genauer, so kann man Plastiken von Skulpturen unterscheiden. Plastiken werden aus verformbarem Material hergestellt (Ton, Kunststoffmassen, Papiermaché; additives Verfahren). Für Skulpturen (lat. *sculpere* = schnitzen) wird aus einem Block Material abgetragen (Stein, Holz; subtraktives Verfahren). Plastische Kunst entwickelt sich, wie alle anderen Bereiche auch, immer weiter. So wurde sie durch Ready-mades, Objets trouvé und Assemblagen um Kunstformen erweitert, die vorgefundene Gegenstände aufnehmen. Installationen beziehen den umgebenden Raum in die Gestaltung ein, kinetische Plastiken bewegen sich. Die „soziale Plastik" von Joseph Beuys erweitert das Verständnis um die politische Wirkung von Installationen und Aktionen.
Plastisch-künstlerische Mittel sind:

Formgebende Handlungen

- Additive Verfahren: aufbauen, hinzufügen, montieren, assemblieren, verformen, modellieren (plastische Massen), akkumulieren, mit Objekten gestalten, Installationen oder Environments gestalten, bewegen
- Subtraktive Verfahren: abtragen, wegschneiden, wegschlagen

Formqualitäten

Schwer vs. leicht, groß vs. klein, umschließend vs. verdrängend, konkav vs. konvex, ruhend vs. bewegt, gerichtet vs. ungerichtet, einteilig vs. mehrteilig, isoliert vs. eingebunden.

Materialität

Hart vs. weich, warm vs. kalt, Textur, Struktur.

Erscheinungsformen

- Relief: An eine Fläche gebundene plastische Arbeit mit geringer Raumtiefe. Licht und Schatten sind besonders wichtig. Es gibt eine Hauptansichtsseite.
- Vollplastik: Vollständig umgehbare Plastik, aus jeder Richtung ergibt sich eine andere Ansicht.
- Objektkunst: Die Plastik wird aus nicht vom Künstler hergestellten Realobjekten gebildet.

Politische Kunst

Politische Kunst ist, anders als der Name es vielleicht vermuten lässt, nicht an Parteipolitik gebunden. Es geht vielmehr darum, gesellschaftskritisches Denken künstlerisch darzustellen. Mögliche Fragen politischer Kunst: Wie gehen wir mit der gesellschaftlichen Vielfalt um? Wie mit unserer Umwelt? Können Meinungen frei geäußert werden? Dabei kann Kritik offen oder versteckt geäußert oder ein neuer Blickwinkel auf sonst Alltägliches eröffnet werden.

Rasterverfahren

Mit einem Hilfsraster kann man eine Bildvorlage ohne Verzerrung nahezu beliebig vergrößern.
Dazu wird das Original mit einem Raster überzogen und die Felder des Rasters wie bei einem Schachbrett nummeriert. Anschließend wird ein Raster mit derselben Felderzahl, aber – der gewünschten Größe entsprechend – mit größeren Feldern auf die Zielfläche gezeichnet. Nun werden die Konturen Feld für Feld übertragen und ausgemalt.
Soll die Originalvorlage nicht nur vergrößert, sondern auch verzerrt werden, muss das Raster, das auf die Zielfläche gezeichnet wird, verändert werden (s. Abbildung). Bei einer größeren Breite als Höhe wird auch die Bildvorlage in die Breite gezogen und umgekehrt.

Raum

Wir selbst nehmen mit unserem Körper Raum ein, wir bewegen uns im Raum. Eine nichträumliche Welt können wir uns kaum vorstellen. Gedanklich können wir drei Dimensionen unterscheiden: Die erste Dimension ist die Länge, die zweite die Fläche und die dritte der Raum.
In der Kunst spielt Räumlichkeit in unterschiedlicher Form eine Rolle:
Die Plastik schafft Objekte, die Raum einnehmen und deren Elemente sich durch ihre räumliche Lage zueinander bestimmen: Sie durchdringen sich, überdecken sich, weisen Hohlräume auf. Licht und Schatten verteilen sich durch die räumliche Anordnung. Plastiken muss man beim Betrachten umrunden, um unterschiedliche Ansichten erkennen zu können.
Rauminstallationen haben ausdrücklich die Gestaltung und ästhetische Erforschung des Raums zum Thema.
Die Architektur schafft räumliche Gebilde, die sich nur wirklich erschließen lassen, wenn man sich in ihnen bewegt. Eine schwindelerregend hohe gotische Kirche vermittelt einen anderen Raumeindruck als eine mit einer riesigen Kuppel überspannte Renaissancekirche. Eine große Rolle dabei spielt, wie das Licht den Innenraum gestaltet.
Aktionskunst ist oft raumgreifend. Wie in einer Inszenierung bewegen sich die Künstler im Raum und beziehen ihn damit in ihre Kunst ein.
In der Fotografie spiegelt sich Räumlichkeit im Übergang von Schärfe zu Unschärfe wieder.
In Malerei und Grafik kann Räumlichkeit nur vorgetäuscht werden. Die Flächenkünste machen sich zunutze, dass unser Sehen flächig ist. Erst aus dem Abstand zwischen unseren Augen errechnet unser Gehirn ein räumliches Abbild. Methoden der Räumlichkeitsillusion sind Parallel- oder Fluchtpunktperspektiven, Farb- und Luftperspektive. Durch Größe, Überschneidungen und die Anordnung von unten nach oben können Vordergrund, Mittelgrund und Hintergrund vorgetäuscht werden.

Raumarrangement

Dabei handelt es sich um die Zusammenfügung verschiedener Dinge, Materialien usw. in einem Raum, wobei der Raum an sich bei der Anordnung der Einzelobjekte eine wichtige Rolle spielt. Raumarrangements entstehen immer, wenn Räume gestaltet werden (Ausstellung mit Plastiken, Architektur).
Im → **Barock** wurden Innenräume von Schlössern oder Kirchen so gestaltet, dass Formen, Farben und Lichtführung eine Gesamtkomposition ergaben. Im 20. Jahrhundert entwickelten Raumarrangements den Bereich der plastischen Kunst weiter.

Raumschaffende Mittel

Um auf einer Bildfläche einen Raumeindruck zu erzeugen, unterscheidet man die Bildebenen Vorder-, Mittel- und Hintergrund. Die Lage der einzelnen Elemente zueinander lassen eine Tiefenwirkung entstehen. Die einfachsten raumschaffenden Mittel sind:

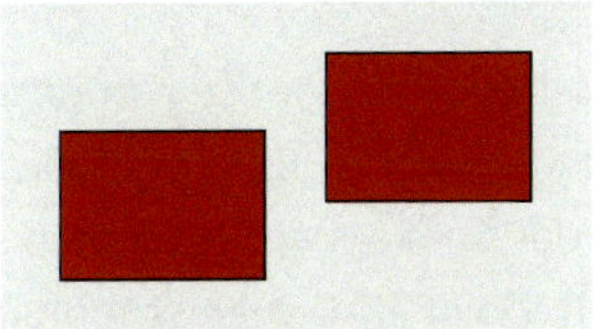

Der Höhenunterschied der Elemente: Objekte, die im Bild unten liegen, erscheinen uns weiter vorne als weiter oben liegende.

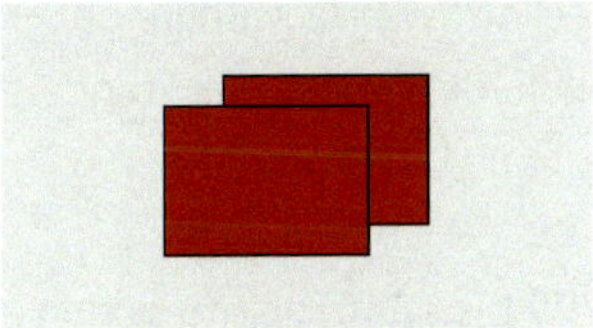

Die Überdeckung der Elemente: Dinge, die teilweise verdeckt sind, scheinen hinter dem überdeckenden Gegenstand zu sein.

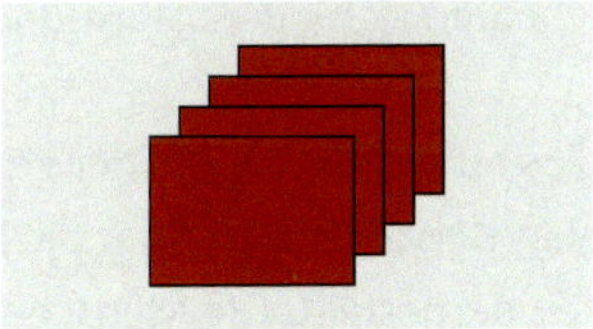

Die Staffelung der Elemente: Ist die Überdeckung regelmäßig und in eine bestimmte Richtung verlaufend, so liegt eine Staffelung vor.

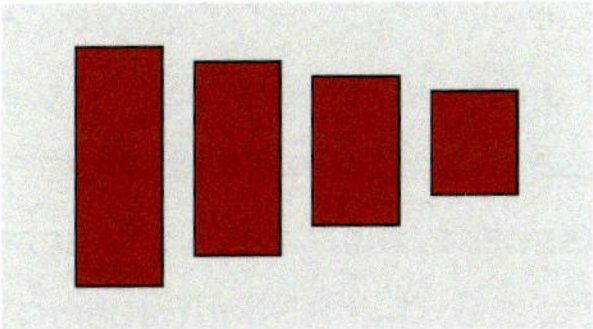

Der Größenunterschied der Elemente: Werden in der Wirklichkeit gleich große Gegenstände von unten nach oben im Bild immer kleiner, so erzeugt dies eine räumliche Tiefenwirkung.

Weitere raumschaffende Mittel sind die → **Fluchtpunktperspektive** und die → **Farb- und Luftperspektive**.

Ready-made

Ein Kunstwerk, das aus etwas bereits Fertigem besteht und bei dem der Künstler nichts oder nur sehr wenig verändert, heißt Ready-made oder → **Objet trouvé**.

Renaissance

Der Begriff steht für die Zeitepoche nach dem Mittelalter. Das Mittelalter war sehr von der Religion bestimmt. Das irdische Leben galt als unwert, die Menschen orientierten sich auf das Leben nach dem Tod. Die Kirche gab ihnen die notwendigen Leitlinien an die Hand, um in den Himmel zu gelangen.
In der Renaissance änderte sich das grundlegend: Die Menschen entdeckten ihre eigenen Fähigkeiten wieder, verstanden sich nicht mehr nur als Sünder, sondern als Abbild Gottes. Das diesseitige Leben wurde für sie wieder wichtig, daher stellten sie es möglichst exakt so dar, wie sie es vorfanden.
Da ähnliche Darstellungsformen schon in der Antike vorherrschten, bewunderten die Menschen der Renaissance deren Kunstwerke. Daher hat diese Epoche ihren Namen: Wiedergeburt (französisch: renaissance) der Antike. Wiedergeboren wurde so zum Beispiel die Darstellung des idealen Menschen. Da er als Gottes Schöpfung vollkommen sein muss, wurde er nackt dargestellt – undenkbar im Mittelalter. Neue Entwicklungen, bzw. Weiterentwicklungen waren die räumliche Darstellungsweise mithilfe der → **Fluchtpunktperspektive**.
Botticelli, Bosch, Brunelleschi, Cellini, da Vinci, Della Francesca, Donatello, Dürer, Grünewald, Mantegna, Michelangelo, Raffael, van Eyck

Romantik

Die Epoche der Romantik (um 1790 bis 1840) zeigte sich in allen Kunstformen der Zeit. Da sie sich unmittelbar aus den historischen Ereignissen und den sozialen und gesellschaftlichen Bedingungen entwickelte, unterscheiden sich die Ausformungen sehr stark nach dem Land, in dem sie entstanden.
Die Bilder der deutschen Romantik sind geprägt von einer engen Verbindung zwischen Mensch und Natur. In den Seelenlandschaften wird über die Natur das Innere des Menschen mithilfe von Zeichen und Symbolen dargestellt. Die Menschen fühlten sich als vereinzeltes Wesen, das auf sich selbst gestellt ist. Aus diesem Grund wurde oft die Zerrissenheit zwischen Verstand und Gefühl, Natur und Gesellschaft, zwischen Vergangenheit und Gegenwart thematisiert. Die Künstler wollten diese Gegensätze durch die Kunst wieder verschmelzen. Oft blieben aus diesem Grund Kunstwerke unvollendet als Fragment stehen. In Frankreich wurden die Künstler durch die Ereignisse, die zur Französischen Revolution führten, beeinflusst. Die Bilder wirken dramatisch, z. B. durch kaum überschaubare Raum- und Figurenkonstellationen, durch die kräftige Farbigkeit oder durch starke Hell-Dunkelkontraste.
Die Romantik ist eine Grundhaltung des Lebens. Sie blickt tief in die Sehnsüchte der Seele.
Delacroix, Friedrich, Runge

Selbstbildnis

→ **Selbstporträt**

Selbstporträt

In einem Selbstporträt bildet ein Künstler sich selbst ab. Er tut dies in der Regel nicht, um sein Aussehen festzuhalten, sondern um etwas über sich auszusagen: Über seine Lebenssituation, seine Gefühle, seine Einstellungen ...
Diese Selbstdarstellung ist sehr subjektiv, denn sie zeigt den Künstler, wie er sich selbst sieht und nicht unbedingt so, wie er wirklich ist.
Dass der Künstler sich selbst in einem Gemälde, einer Zeichnung, einer Plastik, einer Fotografie usw. festhält, war nicht immer der Fall. Da der Künstler bis zur Renaissance nicht als solcher von der Gesellschaft wahrgenommen wurde, sondern vielmehr als Handwerker, finden sich im Mittelalter auch keine Selbstbildnisse. Erst im 15. Jahrhundert tauchen Künstler indirekt in Bildern auf, indem sie sogenannten „Assistenzfiguren" ihre Züge verleihen. Das sind Nebenfiguren, die für das eigentliche Thema keine große Bedeutung haben, die aber aus Gründen einer guten Komposition angefügt werden.
Ein erstes tatsächliches Selbstbildnis der europäischen Kunst liegt vermutlich mit der Silberstift-Zeichnung Dürers (s. S. 23) vor. Seitdem ist die Darstellung des Selbst immer wieder eine interessante Auseinandersetzung für den Künstler: Wer bin ich?

Skandalkunst

Unter Skandalkunst versteht man Kunst, die gewohnte Regeln und Normen überschreitet und so Aufsehen erregt. Was genau unter den Begriff Skandalkunst fällt, ist abhängig von den historischen, gesellschaftlichen, religiösen, kulturellen ... Rahmenbedingungen.

Skulptur

→ **Plastik**

Sozialistischer Realismus

1932 legte die Regierung der Sowjetunion verbindliche Richtlinien für die Gestaltung von Kunst fest. Ziel von Kunst sollte die Bildung des proletarischen Menschen sein. Typische Bildthemen waren heroische Momente aus dem Leben von Bauern, Arbeitern, Soldaten und Sportlern. Der sozialistische Realismus entwickelte sich zu reiner Propagandakunst. Er gehört damit zur → **politischen Kunst**, allerdings nicht aus einer kritischen Haltung heraus, sondern aus einer staatstragenden. Nach der Wiedervereinigung Deutschlands mussten sich die Vertreter des sozialistischen Realismus daher massiver Kritik stellen.

Spiegelsymmetrie

Spiegelsymmetrie, oder auch Achsensymmetrie, ist eine Art der Symmetrie, bei der ein Objekt entlang einer Symmetrieachse gespiegelt wird. Bild und Spiegelbild sind somit deckungsgleich.

Standbild

Mithilfe eines Standbildes können Fragen zu einem Bild geklärt werden.
Was ihr dazu benötigt, sind: die Anzahl an Personen, die auf dem Bild dargestellt sind, sowie ein oder zwei „Bildhauer". Ihr versucht die Bildsituation möglichst genau nachzustellen. Aktiv werden hier die Bildhauer, die Original und Standbild abgleichen müssen. Achtet dabei auf die Anordnung im Raum, die Beziehungen zueinander sowie auf die jeweilige Körpersprache und Mimik. So könnt ihr die genaue Raumsituation und Beziehungen einzelner Personen untereinander und damit auch Emotionen nachempfinden.

Stillleben

Ein Stillleben ist die Darstellung von Dingen (der italienische Begriff *natura morta* kann übersetzt werden mit „unbelebte Natur") oder sich nicht bewegenden Tieren. Die ganze Szenerie des Stilllebens ist sorgsam angeordnet. Die Bildgegenstände haben oft eine symbolische Bedeutung. Man kann Stillleben nach dem dargestellten Bildgegenstand einteilen: „Jagdstücke" zeigen Jagdbeute und Jägerutensilien, „Blumenstücke" sorgsam arrangierte Blumensträuße. Eine andere Einteilung hinterfragt das Bildmotiv, also den eigentlichen Anlass für das Kunstwerk: Vanitas-Stillleben haben die sinnlose Eitelkeit der Menschen zum Thema, Memento-mori-Stillleben beschäftigen sich mit der Vergänglichkeit des Lebens. Moderne Formen des Stilllebens zeigen interessante Form- und Farbbeziehungen, losgelöst von einer inhaltlichen Bedeutung. Seit Beginn des 20. Jahrhunderts werden reale Objekte wie Zeitungsausschnitte oder Stoffe in die Stillleben montiert.

Surrealismus

Der Surrealismus wurde 1924 mit dem „surrealistischen Manifest" von A. Breton begründet. Das Anliegen der Surrealisten, die geprägt waren von den Nachkriegsjahren des Ersten Weltkrieges, war die Loslösung von der Rationalität und das Herausarbeiten des Unterbewussten. Ihre Werke erinnern an Traumwelten, in denen bekannte Dinge abgewandelt oder mit unmöglichen Dingen kombiniert werden. Der Widerspruch zwischen irrealen Situationen und naturalistischer Malweise irritiert die Sehgewohnheiten des Betrachters. Surrealistische Kunst beeinflusst die Medien (Computerspiele; das Monster „Alien", entworfen vom österreichischen Maler H. R. Giger) bis in die aktuelle Zeit hinein.
Dalí, Ernst, Magritte, Oppenheim, Fuchs, Giger

Synthetischer Kubismus

Der synthetische Kubismus ist eine Spielart des → **Kubismus**, bei der die Künstler das Motiv aus einzelnen Flächenelementen zusammensetzen (Synthese = Zusammensetzung).

Trompe-l'œil

„Augentäuscherei": Die Übersetzung aus dem Französischen sagt viel über den Zweck dieser Art von Darstellung. Beim Trompe-l'œil (sprich: tʀɔ̃p'lœj) wird etwas malerisch so abgebildet, dass es nicht zweidimensional aussieht, sondern wie etwas Greifbares. Dahinter verstecken sich verschiedene Absichten. Zum einen kann ein Künstler seine Handfertigkeit im illusionistischen Darstellen zeigen. Zweitens können Augenbetrügereien eingesetzt werden, um etwas sichtbar zu machen, was normalerweise nicht möglich wäre. Viele Deckengemälde in Schlössern oder Kirchen täuschen eine Raumhöhe vor, die statisch nicht möglich wäre. Drittens regt der Widerspruch zwischen Schein und Sein zum Nachdenken an. Manche Landschaftstapete in einer Plattenbausiedlung zeigt den Wunsch nach Naturnähe – die Tapete der Wolkenkratzer New Yorks die Sehnsucht nach großstädtischem Leben in einem Bauernhaus.

Zeichen

Ein Zeichen ist etwas, das auf etwas anderes zeigt. Ein Verkehrszeichen verweist z. B. auf eine gefährliche Stelle.
Warum aber sieht ein Zeichen genau so aus und nicht anders?
Manches Zeichen ist dem, wofür es steht, so ähnlich, dass man den Bezug sofort erkennt (**Ikone**). Andere Zeichen enthalten Hinweise, die durch logisches Schlussfolgern entschlüsselt werden können (**Index**). Bei der dritten Art Zeichen muss der Zusammenhang zwischen Zeichen und Bezeichnetem festgelegt werden (**Symbol**). Es gibt zwischen Form und Inhalt keinen erkennbaren Zusammenhang.
Was bedeutet das für ein Kunstwerk? In einem Stillleben z. B. ist eine Schale mit Obst zu sehen, Nüsse liegen darum herum, daneben steht ein kostbares Glas mit Wasser. Ein Teil des Obstes ist leicht angefault, auf einem Pfirsich sitzt eine Fliege. Die ikonische Zeichenebene wurde gerade geschildert: Der Maler hat ein bildnerisches Zeichen gefunden, um einen überreifen Pfirsich so darzustellen, dass jeder Betrachter ihn als verfaulenden Pfirsich erkennen kann. Warum wählt er aber kein frisches, appetitliches Obst? Der Verwesungszustand des Obstes dient dem Künstler als Zeichen für das Altern des Lebens an sich. Er hat eine Spur gelegt, die man ohne weitere Vorkenntnisse durch Überlegen finden kann; der faulende Pfirsich dient als Index. Die Nüsse wiederum scheinen einfach nur Nüsse zu sein. Wer die christliche Symbolik nicht kennt, wird nicht den Hinweis verstehen, dass Nüsse ein Zeichen für Jesus sein können. Dies ist eine Beziehung zwischen dem Zeichen Nüsse und dem Bezeichneten Jesus, die sich nicht erschließen lässt. Die Nüsse sind ein Symbol für Jesus.

So wird aus einem Index eine Ikone.

Eingeordnet: Interessante Fragestellungen ...

Ist es keine Selbstverständlichkeit, dass man sich ein Bild von sich selbst macht?
Du findest im Kunstbuch öfter Hinweise, die auf den ersten Blick nicht ungewöhnlich erscheinen, bei genauerem Hinschauen aber schon. Bei Verweisen auf „Nachgeschlagen" erhältst du interessante Grundlageninformationen. Hier im Kapitel „Eingeordnet" bekommst du Hilfen, dein Wissen in einem größeren Zusammenhang zu sehen.
Wie arbeitest du mit diesem Kapitel? Ein Beispiel: Zum „Selbstbildnis im Pelzrock" von Albrecht Dürer sind zwei Begriffe als Link unterlegt. Neben den Informationen im Kapitel „Nachgeschlagen" kannst du in „Eingeordnet" finden, in welchem historischen Zusammenhang Kunst entsteht.

22 Spieglein, Spieglein

Kunst-Biografie

Ikone: Christus der Erbarmer, erste Hälfte 12. Jh. (74,5 x 52,5 cm), Mosaik

Albrecht Dürer: Selbstbildnis im Pelzrock, 1500 (67 x 49 cm)

Selbstbildnis

Seit der Renaissance und der Veränderung der Rolle des Künstlers und seiner Selbstwahrnehmung machen sich Künstler ein Bild von sich selbst. Doch wie sehr „selbst" ist überhaupt ein Selbstbildnis?

Albrecht Dürer war einer der ersten Künstler, der sich selbst zum Bildmotiv gemacht hat. Durch Dürers Lebenswerk zieht sich die Darstellung des Selbst wie ein roter Faden.

Du musst versuchen, bei einem Kunstwerk zwei Betrachtungsebenen zu untersuchen.

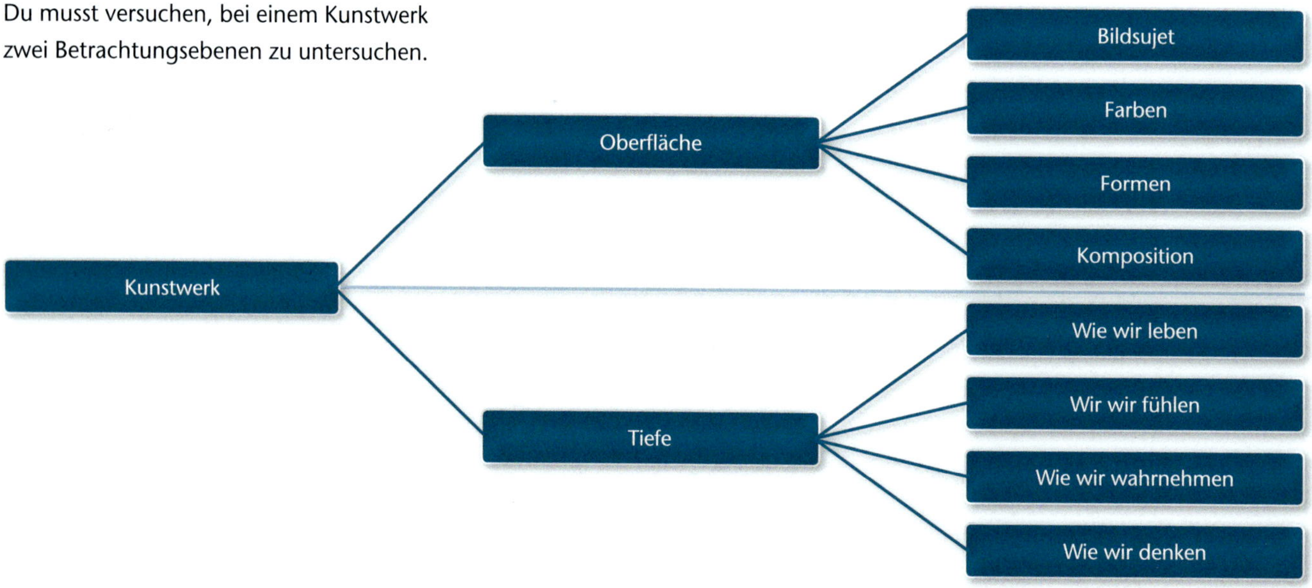

... im Zusammenhang betrachten

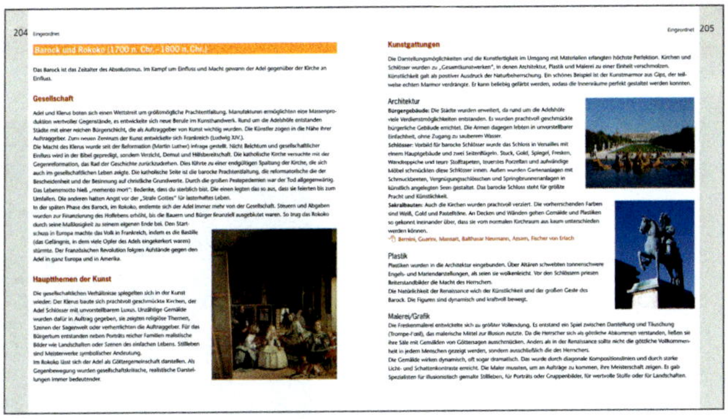

Folgende Hilfen bietet dir dieses Kapitel:

Querschnitte zeigen,
- wie sich die Kunst mit den Lebensverhältnissen in den Epochen *Mittelalter*, *Renaissance* und *Barock* auseinandersetzte,
- welche Ausdrucksformen die künstlerischen Disziplinen Malerei, Plastik und Architektur in der Epoche entwickelten.

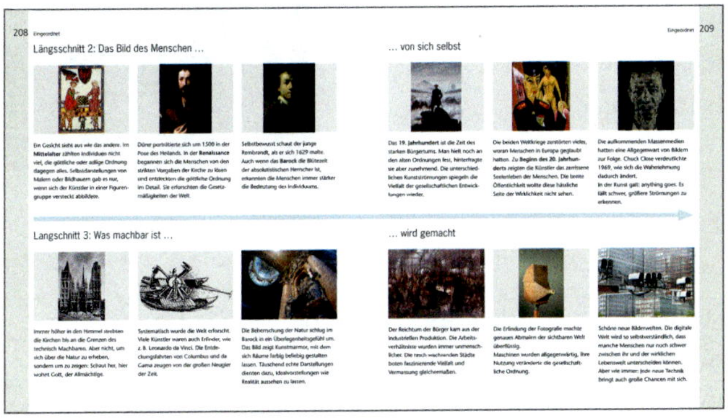

Längsschnitte zeigen,
- wie sich wichtige Fragestellungen der Kunst im Lauf der Geschichte gewandelt haben.

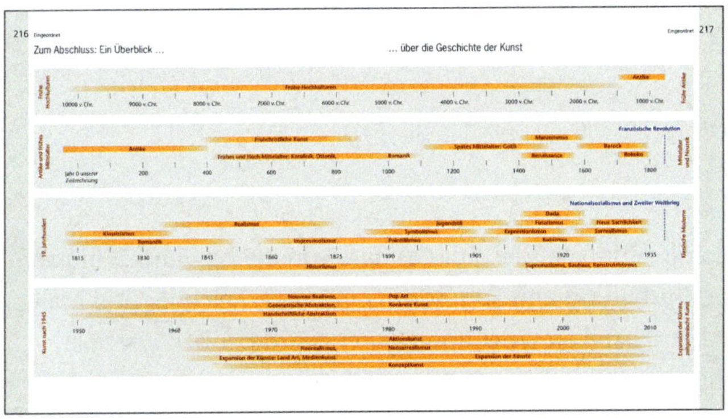

Eine Zeitleiste zeigt,
- wie die verschiedenen Epochen ineinandergreifen und aufeinanderfolgen.

Du kannst dich also informieren, warum in der Renaissance Selbstbildnisse von Künstlern auftauchen, ohne dass sie einen Auftrag dazu bekommen hätten. Du siehst, wie sich Künstler in den folgenden Jahrhunderten selbst darstellen. Du kannst vergleichen, wie lange es dauerte, bis es zu Veränderungen kam.
Durch den Vergleich zwischen Vergangenheit und unserer eigenen Gegenwart erfahren wir viel über uns selbst.

Querschnitte von drei großen Epochen

Mittelalter (500 n. Chr. – 1450 n. Chr.)

Starr stehende Figuren, stilisierte Gesichter und Körper: Wie kann es sein, dass rund 700 Jahre nach der Antike die Darstellung von Menschen primitiver wirkt als zuvor?

Der ungläubige Thomas, 1. Hälfte des 12 Jh.

Gesellschaft

Das mittelalterliche Leben war geprägt durch die Ständeordnung: Klerus, Adel, Bürger und Bauern sind streng getrennte Gruppen. Klerus und Adel waren die Inhaber der Macht. Sie allein hatten genügend Geld, um Kunstwerke in Auftrag zu geben. Sie bestimmten auch, was als wahr gelten durfte und was als falsch. Das Mittelalter ist das Zeitalter, in dem das Christentum Europa prägt. Christliche Glaubenssätze legten fest, wie die Welt erklärt werden muss. Wer dem zuwider dachte, wurde verfolgt und starb nicht selten auf dem Scheiterhaufen.

Inquisition, Karl der Große, Kreuzzüge, Ständegesellschaft

Hauptthemen der Kunst

Wer die Macht und das Geld hatte, bestimmte damals auch die Kunst. Daher wurden überwiegend religiöse Themen (Szenen aus der Bibel, christliche Legenden, Szenen aus dem Leben von Heiligen), das Leben in den Klöstern (z. B. Illustrationen zu Gartenbau, Handwerkskünsten usw.) und an den Adelshöfen (Herrscherbilder, Jagdszenen, Minne, Kriegsführung) dargestellt. Eine wichtige Aufgabe der Kunst war das Erzählen von Geschichten. Schließlich waren die meisten Menschen Analphabeten. Bücher mussten von Hand geschrieben und illustriert werden, der Buchdruck mit beweglichen Lettern war noch nicht erfunden.

Kunstgattungen

Die Handwerkskünste und die sogenannten Schönen Künste griffen direkt ineinander. Für den Bau von Kirchen und Schlössern werden Bauhütten gegründet, in denen technische und ästhetische Gestaltung eng abgestimmt wurden. Zeichner und Maler sollten keinen persönlichen Stil entwickeln, sondern Szenen erkennbar darstellen. Wichtige Figuren wurden über Symbole identifizierbar gemacht, etwa über Symbolfarben oder über Gegenstände (z. B. den Schlüssel für Petrus oder die Muschel für den hl. Jakob).
Das Mittelalter umfasst eine Epoche von 1 000 Jahren. Um Zusammenhänge entdecken zu können, muss zumindest zwischen früherem (ca. 500 – 1000 n. Chr.: Byzantinik, Karolinik, Ottonik, Romanik) und späterem Mittelalter (ca. 1000 – 1500 n. Chr.: Gotik) unterschieden werden.

Apostel, Symbolfarben

Architektur

Bürgergebäude: Das typische mittelalterliche Bürgerhaus ist das Fachwerkhaus. Städte waren Rückzugsgebiete vor Räuberbanden und Armeen, sodass sich innerhalb der schützenden Stadtmauern ein immer engeres Geflecht von Gassen und Häusern bildete. Oft wurden kleinste Baulücken genutzt; die Fassaden stehen manchmal so eng aufeinander, dass man sich von Fenster zu Fenster die Hand reichen kann. Die Städte waren die Keimzelle des freien Bürgertums, Handwerkszünfte breiteten sich aus.

Burgen und Schlösser: Die Herrschaftssitze des Adels sollten repräsentativ sein, vor allem aber Schutz im Kriegsfall bieten. Daher überwiegen Burgen mit mächtigen Mauern und Verteidigungseinrichtungen.

Burg, Burg Eltz, Castel del Monte, mittelalterliche Stadt, Wartburg

Sakralbauten: Anders als bei den Tempeln der Antike wollten die Christen Versammlungshäuser für ihre Gottesdienste. Da sie möglichst mächtig wirken sollten, als Zeichen der Macht Gottes, wurden die Kirchen so groß wie technisch möglich gebaut. Im früheren Mittelalter wurden dazu mächtige Stützmauern benötigt, die auf geometrischen Grundformen beruhen und außen sparsam verziert sind. Im Innenraum sind die Wände reich mit Fresken bemalt.

Dom zu Speyer, Fresko, Glasmalerei, Grundriss einer Kirche, Maria Laach, Sankt Michael in Hildesheim, Statik von Gewölben

Im späteren Mittelalter gelang es, immer höher zu bauen. Damit die schiere Last des Gesteins nicht zu groß geriet und die Kirche zum Einstürzen bringt, wurden die Mauern dünner und oft durch Fensteröffnungen unterbrochen. Als Stützelemente dienen Säulen, die mit dem Strebewerk in die Gewölbe übergehen. Die Glasfenster werfen ein prachtvolles Lichtspiel ins Innere. Die Bedeutung von Fresken geht in der Gotik zurück.

Kölner Dom, Mailänder Dom, Notre Dame de Paris, Straßburger Münster, Ulmer Münster

Plastik

Im frühen Mittelalter wurden Plastiken als Relief oder als Standfigur ausgeführt. Die Figuren stehen starr, Gesichter und Gewänder sind stark stilisiert. Da die Plastiken an Säulen oder Mauern stehen, gibt es eine bevorzugte Ansichtsseite. Auffallend ist, dass im Mittelalter keine nackten Menschen dargestellt wurden. Im späten Mittelalter wurden die Darstellungen von Personen individueller, die Gesichter zeigen deutliche Gefühle. Gut lässt sich das an Darstellungen des gekreuzigten Jesus erkennen. Im frühen und hohen Mittelalter hatte er oft einen milden, gütigen Gesichtsausdruck, als könnten ihm die Schmerzen der Kreuzigung nichts anhaben. In der Gotik zeigten die Bildhauer den körperlichen Schmerz teilweise überdeutlich.

Bamberger Reiter, Magdeburger Reiter, Pietà, Taufkessel im Dom zu Hildesheim, Säulenfigur, Stifterfigur, Stilisierung, Tilman Riemenschneider (Übergang zur Renaissance), Veit Stoß

Malerei/Grafik

Bedeutsame Anwendungsgebiete waren Fresken und Mosaike an Wänden, Buchmalerei, Glasmalerei und Altarbilder. Personen und Gegenstände wurden stilisiert (Gesichter, Kleidung, Symbolfarben). Die Anordnung von Personen in einem Bild richtete sich nach ihrer Wichtigkeit (Bedeutungsperspektive, gleiche Kopfhöhe von Personen gleicher Bedeutung). Im frühen Mittelalter wurde der Bildhintergrund oft einfarbig gemalt, z. B. in Gold. Später kamen stilisierte Landschafts- oder Architekturdarstellungen dazu.

Meister des Codex Manesse, Meister der Lindauer Beweinung usw., Fresken in Assisi, Stilisierung, Stundenbücher, Symbolfarben

Beginnende Neuzeit: Renaissance (1400 n. Chr. – 1600 n. Chr.)

Der berühmte Astronom Galileo Galilei entdeckte im 17. Jh. Hinweise, dass sich die Erde um die Sonne dreht. Damit verstieß er gegen die Kirchenlehre, die die Erde im Mittelpunkt der Welt sah. Er konnte sein Leben nur durch eine Lüge retten. Galilei ist eine Symbolfigur für den Konflikt zwischen den mittelalterlichen Glaubenssätzen und dem Forschungsdrang der beginnenden Neuzeit.

Gesellschaft

Nach wie vor bestimmten Klerus und Adel die Politik. Neu war, dass ihre Herrschaft durch die Macht des Wissens und des Handels bedeutende Konkurrenz bekam. Die Menschen erforschten die Welt nach innen (nach den Gesetzen der Logik) und nach außen (Entdeckung Amerikas durch Columbus, Weltumsegelungen). Eine Blüte der Wissenschaften und zahlreiche Erfindungen, z. B. der Buchdruck mit beweglichen Lettern durch Gutenberg, waren die Folge. Es entwickelte sich ein neues, humanistisches Menschenbild (wichtige Bedeutung des Individuums, Werte wie Schönheit und Weisheit wurden als erstrebenswert erkannt).
Mit dem Handel von Gütern konnte so viel verdient werden, dass Bürger reicher wurden als mancher Fürst. Die Familien Medici (Florenz) und Fugger (Augsburg) sind die bekanntesten Beispiele dafür. Mit dem finanziellen Reichtum wuchs auch der politische Einfluss der Bürger.
Insgesamt verlief der Prozess der Veränderung vom Mittelalter zur Neuzeit in den verschiedenen Ländern Europas sehr unterschiedlich. Während in Italien, das sich zum neuen Zentrum der Kunst entwickelte, der Wandel im frühen 15. Jahrhundert begann, gab es in Deutschland und Frankreich noch im 16. Jahrhundert Kunst, die dem Mittelalter zugerechnet werden muss.

Hauptthemen der Kunst

Die Bezeichnung Renaissance (Wiedergeburt) bezieht sich auf das neu aufkommende Interesse an der Antike. Archäologische Funde griechischer und römischer Kunst ließ die Menschen im 15. Jahrhundert staunen: 1 500 Jahre zuvor waren die künstlerischen Ausdrucksformen vielfältiger und weiter entwickelt als in der unmittelbaren Vergangenheit. Daher wurden neben religiösen und höfischen Themen auch Szenen der antiken Göttersagen dargestellt. Eine weitere Neuerung war die Darstellung von bürgerlichem Leben. Reiche Kaufleute ließen sich malen wie zuvor nur Fürsten. Die Künstler stellten sich auch selbst dar – Selbstporträts gab es vor der Renaissance kaum.

Kunstgattungen

Die Drucktechniken erlebten durch die Erfindung des Kupferstichs und des für Europa neuen Buchdrucks mit beweglichen Lettern eine Blütezeit. Es gab immer mehr Künstler, die auf mehreren Gebieten herausragende Leistungen erbrachten. So war Leonardo da Vinci nicht nur Maler (Mona Lisa, Das letzte Abendmahl), sondern auch Erfinder (Sonnenkollektor, Getriebe) und Bauingenieur (Bewässerungsanlagen). Michelangelo war Maler (Sixtinische Kapelle), Bildhauer (David), Architekt (Petersdom) und Schriftsteller.

Architektur

Bürgergebäude: Die reichen Handelsfamilien und die über Steuern reich gewordenen Städte konnten sich prachtvolle Gebäude errichten (Rathäuser in Augsburg und Tübingen, Palazzo Pitti in Florenz).

Schlösser: Burgen verloren an Bedeutung, weil der Adel seine Bürger besser vor Räuberbanden schützte. Statt plumper Burgen wurden repräsentative Schlösser gebaut. Die Stockwerke wurden nach dem Goldenen Schnitt gegliedert, die Räume sind im Erdgeschoss also am höchsten und werden mit jedem Stockwerk niedriger. Säulen und Bögen, wie sie von antiken Triumphbögen bekannt waren, wurden zur Fassadengestaltung eingesetzt.
Sakralbauten: Der gotische Wettbewerb nach der höchsten Kirche wurde aufgegeben. Die Innenräume wurden breit und überschaubar. Über dem Altarraum sitzt oft eine Kuppel, was einen völlig anderen Raumeindruck ergibt als bei den Spitzgewölben der Gotik.
Die Fassaden wurden mit antiken Elementen wie Säulen und Bögen gestaltet.
Alberti, Bramante, Brunelleschi, Palladio

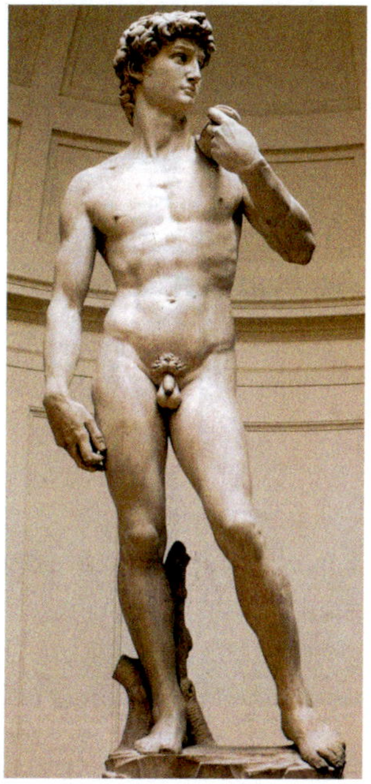

Plastik

Das neue Menschenbild der Renaissance zeigt sich besonders deutlich an den Plastiken der Zeit. Die Anatomie des Menschen wurde sehr genau untersucht und dargestellt. Es wurde *das Schöne* und *das Gute* an „normalen" menschlichen Gestalten gezeigt. Die Figuren wurden in natürlicher Haltung dargestellt (Kontrapost, Ponderation), sie bekamen individuelle Züge. Als Themen tauchten verstärkt Szenen aus den antiken Göttersagen auf, aber nicht, um die Götterwelt hervorzuheben, sondern um *Wahrheit, Schönheit, Tapferkeit* usw. als wichtige menschliche Themen darzustellen.
Es wurden also idealtypische Ideen des Menschlichen an sich mit den Mitteln realistischer Darstellung umgesetzt.
Donatello, Goldener Schnitt, Michelangelo, Riemenschneider

Malerei/Grafik

Die Malerei wurde durch die Entdeckung der Raumillusion (Zentralperspektive, Farb- und Luftperspektive) geprägt. Wie in der Plastik bestimmte das sich wandelnde Menschenbild die künstlerische Auseinandersetzung.
Es tauchten neue Bildgenres auf: Reiche Kaufmannsfamilien ließen sich in Bürgerporträts abbilden, Selbstporträts zeigten das neue Selbstbewusstsein von Künstlern.
Sehr interessant sind auch die Bildhintergründe von Gemälden. An der Beherrschung der Raumillusion lässt sich unter anderem erkennen, ob ein Bild noch dem Mittelalter zugerechnet wird oder bereits der Renaissance.
Die Buchmalerei wurde von Drucken verdrängt: Zu teuer wären handgemalte Illustrationen in den durch die Druckwerkstätten vervielfältigten Büchern gewesen.
da Vinci, Dürer, Mantegna, Michelangelo

Barock und Rokoko (1700 n. Chr. – 1800 n. Chr.)

Das Barock ist das Zeitalter des Absolutismus. Im Kampf um Einfluss und Macht gewann der Adel gegenüber der Kirche an Einfluss.

Gesellschaft

Adel und Klerus boten sich einen Wettstreit um größtmögliche Prachtentfaltung. Manufakturen ermöglichten eine Massenproduktion wertvoller Gegenstände, es entwickelten sich neue Berufe im Kunsthandwerk. Rund um die Adelshöfe entstanden Städte mit einer reichen Bürgerschicht, die als Auftraggeber von Kunst wichtig wurden. Die Künstler zogen in die Nähe ihrer Auftraggeber. Zum neuen Zentrum der Kunst entwickelte sich Frankreich (Ludwig XIV.).
Die Macht des Klerus wurde seit der Reformation (Martin Luther) infrage gestellt. Nicht Reichtum und gesellschaftlicher Einfluss wird in der Bibel gepredigt, sondern Verzicht, Demut und Hilfsbereitschaft. Die katholische Kirche versuchte mit der Gegenreformation, das Rad der Geschichte zurückzudrehen. Dies führte zu einer endgültigen Spaltung der Kirche, die sich auch im gesellschaftlichen Leben zeigte. Die katholische Seite ist die barocke Prachtentfaltung, die reformatorische die der Bescheidenheit und der Besinnung auf christliche Grundwerte. Durch die großen Pestepedemien war der Tod allgegenwärtig. Das Lebensmotto hieß „memento mori": Bedenke, dass du sterblich bist. Die einen legten das so aus, dass sie feierten bis zum Umfallen. Die anderen hatten Angst vor der „Strafe Gottes" für lasterhaftes Leben.
In der späten Phase des Barock, im Rokoko, entfernte sich der Adel immer mehr von der Gesellschaft. Steuern und Abgaben wurden zur Finanzierung des Hoflebens erhöht, bis die Bauern und Bürger finanziell ausgeblutet waren. So trug das Rokoko durch seine Maßlosigkeit zu seinem eigenen Ende bei. Den Startschuss in Europa machte das Volk in Frankreich, indem es die Bastille (das Gefängnis, in dem viele Opfer des Adels eingekerkert waren) stürmte. Der Französischen Revolution folgten Aufstände gegen den Adel in ganz Europa und in Amerika.

Hauptthemen der Kunst

Die gesellschaftlichen Verhältnisse spiegelten sich in der Kunst wieder: Der Klerus baute sich prachtvoll geschmückte Kirchen, der Adel Schlösser mit unvorstellbarem Luxus. Unzählige Gemälde wurden dafür in Auftrag gegeben, sie zeigten religiöse Themen, Szenen der Sagenwelt oder verherrlichten die Auftraggeber. Für das Bürgertum entstanden neben Porträts reicher Familien realistische Bilder wie Landschaften oder Szenen des einfachen Lebens. Stillleben sind Meisterwerke symbolischer Andeutung.
Im Rokoko ließ sich der Adel als Göttergemeinschaft darstellen. Als Gegenbewegung wurden gesellschaftskritische, realistische Darstellungen immer bedeutender.

Kunstgattungen

Die Darstellungsmöglichkeiten und die Kunstfertigkeit im Umgang mit Materialien erlangten höchste Perfektion. Kirchen und Schlösser wurden zu „Gesamtkunstwerken", in denen Architektur, Plastik und Malerei zu einer Einheit verschmolzen. Künstlichkeit galt als positiver Ausdruck der Naturbeherrschung. Ein schönes Beispiel ist der Kunstmarmor aus Gips, der teilweise echten Marmor verdrängte. Er kann beliebig gefärbt werden, sodass die Innenräume perfekt gestaltet werden konnten.

Architektur

Bürgergebäude: Die Städte wurden erweitert, da rund um die Adelshöfe viele Verdienstmöglichkeiten entstanden. Es wurden prachtvoll geschmückte bürgerliche Gebäude errichtet. Die Armen dagegen lebten in unvorstellbarer Einfachheit, ohne Zugang zu sauberem Wasser.
Schlösser: Vorbild für barocke Schlösser wurde das Schloss in Versailles mit einem Hauptgebäude und zwei Seitenflügeln. Stuck, Gold, Spiegel, Fresken, Wandteppiche und teure Stofftapeten, teuerstes Porzellan und aufwändige Möbel schmückten diese Schlösser innen. Außen wurden Gartenanlagen mit Schmuckbeeten, Vergnügungsschlösschen und Springbrunnenanlagen in künstlich angelegten Seen gestaltet. Das barocke Schloss steht für größte Pracht und Künstlichkeit.
Sakralbauten: Auch die Kirchen wurden prachtvoll verziert. Die vorherrschenden Farben sind Weiß, Gold und Pastelltöne. An Decken und Wänden gehen Gemälde und Plastiken so gekonnt ineinander über, dass sie vom normalen Kirchraum aus kaum unterschieden werden können.

Bernini, Guarini, Mansart, Balthasar Neumann, Assam, Fischer von Erlach

Plastik

Plastiken wurden in die Architektur eingebunden. Über Altären schwebten tonnenschwere Engels- und Mariendarstellungen, als seien sie wolkenleicht. Vor den Schlössern priesen Reiterstandbilder die Macht des Herrschers.
Die Natürlichkeit der Renaissance wich der Künstlichkeit und der großen Geste des Barock. Die Figuren sind dynamisch und kraftvoll bewegt.

Malerei/Grafik

Die Freskenmalerei entwickelte sich zu größter Vollendung. Es entstand ein Spiel zwischen Darstellung und Täuschung (Trompe-l'œil), das malerische Mittel zur Illusion nutzte. Da die Herrscher sich als göttliche Abkommen verstanden, ließen sie ihre Säle mit Gemälden von Göttersagen ausschmücken. Anders als in der Renaissance sollte nicht die göttliche Vollkommenheit in jedem Menschen gezeigt werden, sondern ausschließlich die des Herrschers.
Die Gemälde wirken dynamisch, oft sogar dramatisch. Das wurde durch diagonale Kompositionslinien und durch starke Licht- und Schattenkontraste erreicht. Die Maler mussten, um an Aufträge zu kommen, ihre Meisterschaft zeigen. Es gab Spezialisten für illusionistisch gemalte Stillleben, für Porträts oder Gruppenbilder, für wertvolle Stoffe oder für Landschaften.

Zeit der Umwälzungen …

Den Anfang vom Ende der Adelsherrschaft machte die amerikanische Revolution (1776), die mit der Unabhängigkeit Amerikas von England endete. Die Französische Revolution (1789) läutete den unaufhaltsamen Befreiungskampf in ganz Europa ein. Von den heutigen Niederlanden bis nach Griechenland, von Frankreich bis Russland breiteten sich Revolutionen aus, die oft in Demokratien mündeten. Der Adel wehrte sich zeitweise erfolgreich: Das berühmte Bild „Die Freiheit führt das Volk" zeigt den endgültigen Sieg der Revolutionäre 1830, nachdem Frankreichs Herrschende Napoleon vertrieben und die Macht zunächst wieder zurückerobert hatten. Die „Karlsbader Beschlüsse" in Deutschland schränkten grundlegende demokratische Rechte ein. Aber letztlich setzten sich die Bürgerrechte durch.
Neben den demokratischen Errungenschaften ergaben sich aus dem Kampf um neue Ordnungen gesellschaftliche Umwälzungen ungeahnten Ausmaßes: die industrielle Revolution, die Verstädterung und die beiden Weltkriege veränderten die Gesellschaft von Grund auf.

Längsschnitt 1: Kunst als Seismograph …

Einfache Minenarbeiter als Bildthema? Man war gewohnt, dass Kunst Ideale darstellt, die nicht direkt sichtbar sind: das Schöne, die Klugheit usw. Aber so etwas Alltägliches, ja Hässliches? **Realismus** nennt man die Kunst, die die Aspekte des gewöhnlichen Lebens zeigt. Das Publikum sieht solche Bilder nicht immer gern, Nachdenken ist anstrengender als Bewundern. Realismus und Idealismus gelten als die beiden grundsätzlichen (und gegensätzlichen) künstlerischen Grundhaltungen.

Leben ist Politik! Die Revolutionen brachten den Menschen Freiheit, Gleichheit und Brüderlichkeit und diese Werte mussten durch die Kunst dargestellt und gefeiert werden. Während die **französische Romantik** begeistert gesellschaftspolitisch Stellung nahm, war die **deutsche Romantik** stiller, beschäftigte sich mit den in der Seele verborgenen Sehnsüchten.
Der **Klassizismus** bewunderte das Menschenbild der Antike. Schließlich liegen dort die Geburtsstätten der Demokratie.

Die Unmenschlichkeiten der Industriegesellschaft und des Militarismus klagten die Vertreter der **Neuen Sachlichkeit** an. Möglichst krass sollte den Menschen vor Augen geführt werden, was Krieg und Armut mit ihnen anrichtete. Künstler wie George Grosz und Otto Dix kamen zutiefst entsetzt aus dem Gemetzel des Ersten Weltkrieges in die Realität zurück. Wie kann eine Gesellschaft so etwas verdrängen?

… und Zeit der Vielfalt

Die Neuordnung der Gesellschaft nach dem Ende des Absolutismus zeigte sich überall im Leben, natürlich auch in der Kunst. Die Entdeckung des vernunftbegabten Individuums spiegelte sich in einer großen Vielfalt an künstlerischen Äußerungen wieder. Es wurden keine Auftragsarbeiten erledigt, sondern die Künstler bearbeiten das, was sie bewegte. Die Kunst entwickelte sich zu einer Art Seismograph, der gesellschaftlich und menschlich wichtige Auseinandersetzungen aufzeichnete.

Da es keine einheitliche Epoche mehr gibt, wird die weitere Entwicklung der Kunst in Querschnitten dargestellt. Die Längsschnitte der folgenden Seiten können in zwei Richtungen gelesen werden: Von links nach rechts ergibt sich ein Überblick über die Wandlungen der Weltsicht im Verlauf der Jahrhunderte. Von oben nach unten wird gezeigt, welche unterschiedlichen Haltungen und Überzeugungen in einer Epoche nebeneinander existieren.

… für gesellschaftliche Ungerechtigkeit

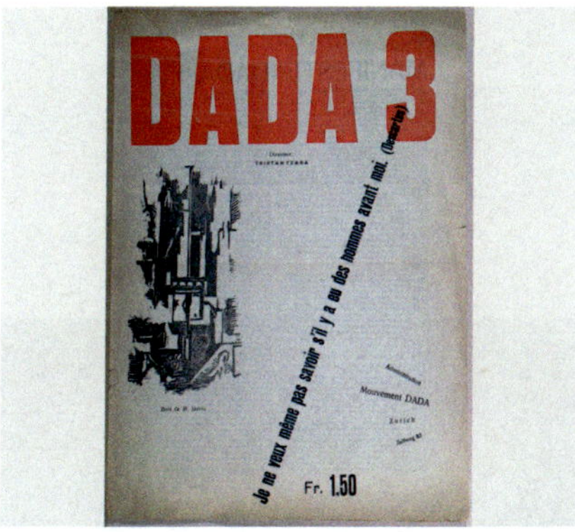

Die radikalsten Vorschläge zur Veränderung des Einzelnen und der Gesellschaft kamen vom **Dadaismus**. Irrwitzige Kunstaktionen, Provokationen und das Hinterfragen alles Gewohnten führten zu einer Kunst, die zu extrem war in ihrer Zeit. Der Dadaismus verschwand nach dem Ersten Weltkrieg. Seine Gedanken wurden erst mit der Expansion der Künste ab den 1960er-Jahren wieder aufgegriffen.

Die **Pop Art** beschäftigte sich mit den Besonderheiten der Medien und Konsumwelt. Wie ändert sich unsere Wahrnehmung durch den Rasterdruck in Zeitschriften? Welche Auswirkungen hat es, wenn wir mit einer Flut von Bildern überschüttet werden?
Aus der Pop Art entwickelte sich die **mediale Kunst**, die sich mit Medien aller Art auseinandersetzt. Museumstipp: Das ZKM in Karlsruhe.

Die Grenze zwischen politischer Demonstration und Kunst wird in der **Aktionskunst** ausgelotet. Künstler wie Joseph Beuys wollten das Alltägliche in der Politik und das Politische im Alltag zeigen, mit den Mitteln der Kunst. Dafür entwickelten sie ganz neue Ausdrucksmittel, z. B. die Performance, und nutzten neue Medien. Daher spricht man von einer **Expansion der Kunst** und von einem **erweiterten Kunstbegriff**.

Längsschnitt 2: Das Bild des Menschen …

Ein Gesicht sieht aus wie das andere. Im **Mittelalter** zählten Individuen nicht viel, die göttliche oder adlige Ordnung dagegen alles. Selbstdarstellungen von Malern oder Bildhauern gab es nur, wenn sich der Künstler in einer Figurengruppe versteckt abbildete.

Dürer porträtierte sich um 1500 in der Pose des Heilands. In der **Renaissance** begannen sich die Menschen von den strikten Vorgaben der Kirche zu lösen und entdeckten die göttliche Ordnung im Detail. Sie erforschten die Gesetzmäßigkeiten der Welt.

Selbstbewusst schaut der junge Rembrandt, als er sich 1629 malte. Auch wenn das **Barock** die Blütezeit der absolutistischen Herrscher ist, erkannten die Menschen immer stärker die Bedeutung des Individuums.

Längsschnitt 3: Was machbar ist …

Immer höher in den Himmel strebten die Kirchen bis an die Grenzen des technisch Machbaren. Aber nicht, um sich über die Natur zu erheben, sondern um zu zeigen: Schaut her, hier wohnt Gott, der Allmächtige.

Systematisch wurde die Welt erforscht. Viele Künstler waren auch Erfinder, wie z. B. Leonardo da Vinci. Die Entdeckungsfahrten von Columbus und da Gama zeugen von der großen Neugier der Zeit.

Die Beherrschung der Natur schlug im Barock in ein Überlegenheitsgefühl um. Das Bild zeigt Kunstmarmor, mit dem sich Räume farbig beliebig gestalten lassen. Täuschend echte Darstellungen dienten dazu, Idealvorstellungen wie Realität aussehen zu lassen.

... von sich selbst

Das **19. Jahrhundert** ist die Zeit des starken Bürgertums. Man hielt noch an den alten Ordnungen fest, hinterfragte sie aber zunehmend. Die unterschiedlichen Kunstströmungen spiegeln die Vielfalt der gesellschaftlichen Entwicklungen wieder.

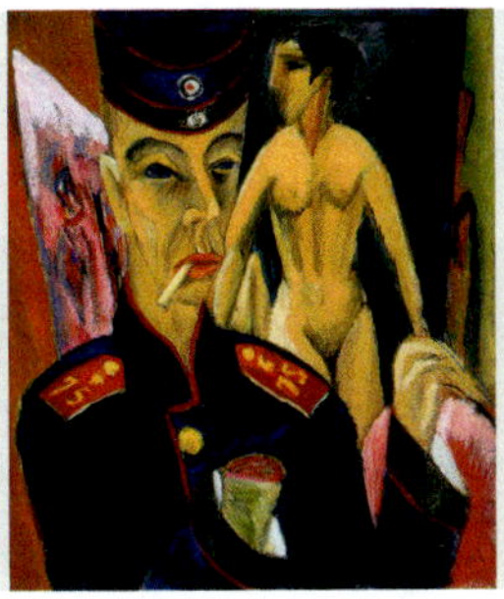

Die beiden Weltkriege zerstörten vieles, woran Menschen in Europa geglaubt hatten. Zu **Beginn des 20. Jahrhunderts** zeigten die Künstler das zerrissene Seelenleben der Menschen. Die breite Öffentlichkeit wollte diese hässliche Seite der Wirklichkeit nicht sehen.

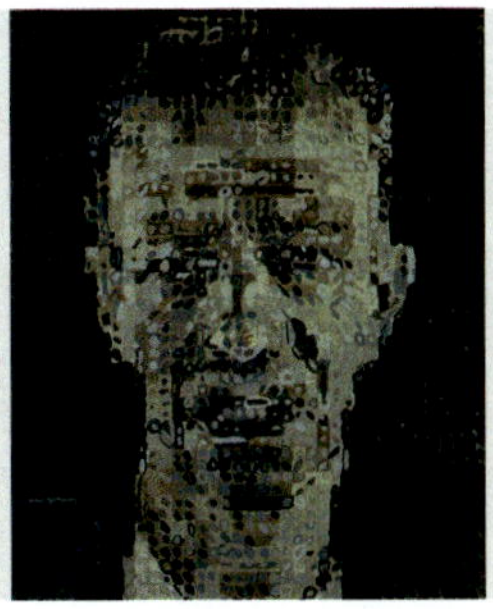

Die aufkommenden Massenmedien hatten eine Allgegenwart von Bildern zur Folge. Chuck Close verdeutlichte 1969, wie sich die Wahrnehmung dadurch ändert.
In der Kunst galt: anything goes. Es fällt schwer, größere Strömungen zu erkennen.

... wird gemacht

Der Reichtum der Bürger kam aus der industriellen Produktion. Die Arbeitsverhältnisse wurden immer unmenschlicher. Die rasch wachsenden Städte boten faszinierende Vielfalt und Vermassung gleichermaßen.

Die Erfindung der Fotografie machte genaues Abmalen der sichtbaren Welt überflüssig.
Maschinen wurden allgegenwärtig, ihre Nutzung veränderte die gesellschaftliche Ordnung.

Schöne neue Bilderwelten. Die digitale Welt wird so selbstverständlich, dass manche Menschen nur noch schwer zwischen ihr und der wirklichen Lebenswelt unterscheiden können.
Aber wie immer: Jede neue Technik bringt auch große Chancen mit sich.

Längsschnitt 4: Idealismus …

Kunst soll das Verborgene zeigen, das, was unter der Oberfläche liegt. In der **Renaissance** galt die Erforschung der Wirklichkeit als wichtigste Grundlage der Welterkenntnis. Aber dargestellt wurde das Schöne an sich, das Starke an sich, also Idealbilder.

Im **Barock** galt die Natur als unvollkommen. Ideale Landschaften wurden gemalt, die es nicht wirklich gab. Sie enthalten den Erdboden, Pflanzen, Tiere und Menschen, Regen oder Regenbogen als Verbindung zwischen Himmel und Erde – ein Idealbild der Weltordnung.

Ein heroischer Moment der Geschichte – als gestellte Szene gemalt. Die Grundidee des Bildes ist der Kampfesmut, der keine Furcht kennt, wenn es um das Allgemeinwohl geht. Im **Klassizismus** spielten solche großen menschlichen Ideen eine wichtige Rolle.

Längsschnitt 5: Realismus …

In der **Renaissance** spielte der genaue Blick auf die Welt eine große Rolle. Nicht was die kirchliche Lehre vorgibt, sondern was man sehen, beweisen kann, wurde als wirklich erkannt.
Der Wunsch nach Erkenntnis ging so weit, dass Künstler sogar Leichen sezierten, um den Körper besser verstehen zu können.

Auch im **Barock** gab es eine realistische Strömung. Sie war eher im protestantischen Denken zu Hause. In der sichtbaren Welt zeigt sich die Schönheit der göttlichen Ordnung.
Der **Naturalismus** wollte die Schönheit der sichtbaren Welt zeigen. Heute gilt Naturalismus als Beispiel für Oberflächlichkeit – nicht zuletzt, weil die Erfindung der Fotografie die illusionistische Darstellung überflüssig machte.

Eine ganz neue Form von Realismus setzten die **Kubisten** ein: Sie bauten reale Gegenstände wie Zeitungsausschnitte in ihre ansonsten abstrakten Bilder ein. In derselben Zeit entstanden die Objets trouvé der **Dadaisten**: Gegenstände wurden unverändert zur Kunst erklärt. Nicht mehr Nachahmung der Wirklichkeit, sondern die Wirklichkeit selbst war Gegenstand der Kunst.

... eine künstlerische Grundhaltung

Sehnsucht nach Besinnung, nach Ausdruck in der Poesie – das sind Ideale, wie sie in der **Romantik** gesucht wurden. Blau als Farbe der Nacht und der Ferne findet sich in der Malerei, neugotische Elemente in der Architektur erinnern an das (märchenhaft verklärte) Mittelalter. In der Literatur und der Musik finden sich ganz ähnliche künstlerische Äußerungen.

Der **Jugendstil** ist eine Kunstrichtung, die neue ästhetische Formen bei Gebrauchsgegenständen und in der Architektur entwickelte.
Sie ist unpolitisch, etwas schwermutig, richtete sich überwiegend auf ästhetische Erneuerung. Einer neuen Ästhetik wurde die Kraft zugesprochen, einen neuen Menschen hervorzubringen (Stil der Jugend).

Eine eigenartige farbig-bunte Welt zeigen **Aktionskünstler** wie Gilbert & George. Was sind die großen Themen des modernen Menschen? Wir scheinen alles zu wissen, alles ändert sich in rasendem Tempo – verehren wir aber nicht manchmal den Wandel oder technische Produkte, als wären sie eine neue Religion?

... die zweite künstlerische Grundhaltung

Eine Stilrichtung im 19. Jahrhundert wird ausdrücklich als **Realismus** bezeichnet. Hier gibt es aber große Unterschiede zwischen einem sozialkritischem Realismus, der anklagte, und einem rein abbildenden Realismus, der auch als **Naturalismus** bezeichnet wird. Das Publikum reagiert auf den Realismus gespalten. Die große Kunstfertigkeit wird bewundert, die unangenehmen Wahrheiten werden lieber verdrängt.

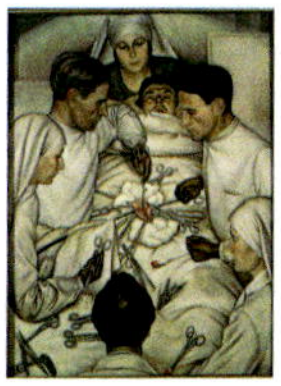

Die **Neue Sachlichkeit** besteht nicht nur aus der stark anklagenden Haltung eines George Grosz. Es gibt auch eine kühl beschreibende Variante (Christian Schad). Die Gesellschaft wurde ungeschminkt gezeigt, mit allen Alltäglichkeiten.
Nach dem Zweiten Weltkrieg entwickelten Künstler wie Konrad Klapheck die Neue Sachlichkeit weiter, indem sie die kulturellen Leistungen, die in den Alltagsdingen stecken, aufzeigten.

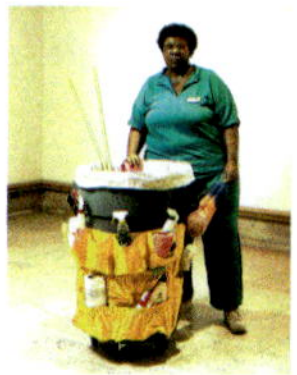

Nach dem Zweiten Weltkrieg waren realistische Kunstwerke zunächst verpönt – Kunst hatte gegenstandslos zu sein. Erst allmählich „trauten" sich Künstler wieder, realistisch zu arbeiten. Ein Beispiel sind die **Hyperrealisten**, die täuschend echte Abbilder der Welt schufen.
Ein **Neuer Realismus (nouveau realisme)** sollte die Welt verändern. Seine Grundhaltung: Kunst soll die wahre Realität unseres Lebens zeigen. Der Neue Realismus lehnte Illusionen ab und arbeitete mit der Realität selbst.

Längsschnitt 6: Das Innere der Seele …

Die Sehnsucht als künstlerisches Prinzip – so könnte die **Romantik** beschrieben werden. Wie in der Literatur suchten auch die Bildenden Künstler die Tiefen der Seele. Der Rückzug in die Seele war auch eine Antwort auf politischen Druck gegen Freiheitsbestrebungen.

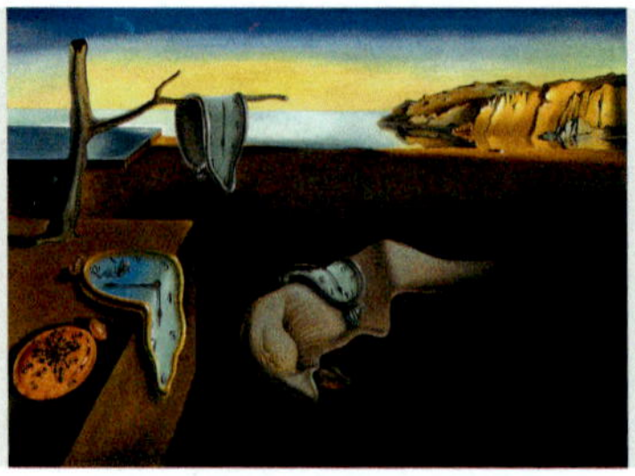

Der **Surrealismus** blickte in die Traumwelt des Menschen. Freuds Psychoanalyse wurde begeistert aufgenommen. Es entstanden Bilder, die manchmal das Gefühl auslösen, so etwas schon einmal gesehen zu haben (dejà vu).

Der **Expressionismus** sah starke Gefühle in allem: im Menschen, in Landschaften, in Stadtansichten. Was macht die industrialisierte Gesellschaft mit uns? Was löst ein Gewitter in uns aus? Zwei Welten wurden da gezeigt: eine zerrissene und eine intensive.

Längsschnitt 7: Was ist das Wesen der Kunst …

Heute sind Ausstellungen der **Impressionisten** Publikumsmagnete. Zur Entstehungszeit wurde ihre Kunst verhöhnt. Zu neu war das Hinterfragen der Sehgewohnheiten, die Suche nach Farbe und Licht als Kern der Malerei. Mit dem Impressionismus beginnt die **Klassische Moderne**. Sie ist ein Oberbegriff für die Stilrichtungen bis zum Zweiten Weltkrieg.

Die **Suprematisten** waren ihrer Zeit weit voraus. Sie entwickelten eine bildnerische Sprache, die aus reinen Formen, reiner Farbe besteht. Berühmt wurde das „Schwarze Quadrat“ von Kasimir Malewitsch. Vergleichbar arbeitete zunächst nur Mondrian. Oberbegriff für diese Kunst, die auf geometrischen Grundformen und Regeln aufbaut, ist **Konstruktivismus**.

Das **Bauhaus** war eine Kunstschule, die sich der Erforschung der ästhetischen Empfindung widmete. Wichtige Architekten und Designer haben dort gearbeitet. Es ging ihnen um einfache, klare Formen, die den Zweck des Gebrauchsgegenstandes erkennen lassen. Le Corbusier etwa nahm den Begriff des Kirchenschiffs mit seiner Kirche bei Belfort wörtlich.

... sichtbar gemacht

Viele Künstler des **Bauhauses** waren fasziniert von der Ursprünglichkeit von Kinderzeichnungen. Sie schufen eine **lyrische Abstraktion**, die einen unmittelbaren, nicht so stark künstlichen Weltzugang suchte.

Maschinen mit Seelen? Eine Reihe von Künstlern sah in der **Dingwelt** ein Abbild der Seele. Wie erklärt man die Begeisterung der Deutschen für ihr Auto? Wie den Hype, der um manches Handy gemacht wird?

Zwischen **Neosurrealismus** und **Neoabstraktion** bewegen sich viele Künstler nach dem Zweiten Weltkrieg – bis in die Gegenwart. Eine bekannte Variante der 1980er-Jahre: die **Jungen Wilden**.

... als Frage der Moderne

Nach dem Zweiten Weltkrieg entstand die **Geometrische Abstraktion** aus den Ideen Mondrians und der Bauhauskünstler. Nur die wahren Elemente der Malerei sollten genutzt werden, Farben und klare Formen. Gegenständliches wurde als Illusionismus abgelehnt. Auch in der Plastik spielte die geometrische Abstraktion eine wichtige Rolle.

Die **Handschriftliche Abstraktion** arbeitete mit großer Spontaneität. Die Pinselspur als Ausdruck der Malbewegung zeigt den Entstehungsprozess des Kunstwerkes. Die Bilder werden auch als Seismographien bezeichnet: Wie die Spuren eines Seismographen zeichneten die Künstler ihre inneren Erschütterungen auf.

Abstraktion heißt, von etwas ausgehen und dieses auf das Wesentliche zu reduzieren. Die **Konkrete Malerei** vereinfacht nicht Vorgefundenes, sondern arbeitet mit reinen Farben, die ohne Formen aufgetragen werden. Die Gemälde sind meist sehr groß. Bei der Betrachtung muss man so nahe herangehen, dass man nur noch die Farbfläche des Bildes sieht (all over).

Längsschnitt 8: Eine neue Zeit ...

Hugo Ball
KARAWANE
jolifanto bambla ô falli bambla
grossiga m'pfa habla horem
égiga goramen
higo bloiko russula huju
hollaka hollala
anlogo bung
blago bung
blago bung
bosso fataka
ü üü ü
schampa wulla wussa ólobo
hej tatta gôrem
eschige zunbada
wulubu ssubudu uluw ssubudu
tumba ba- umf
kusagauma
ba - umf

Der **Dadaismus** ist Vorbild für das, was man **Avantgarde** nennt: Das Neue ist das Entscheidende, nur die radikale Veränderung bringt Neuerungen in die Kunst. Avantgardisten provozieren deshalb oft gegen die Tradition des Bewährten.

Aktionskunst ging ab den 1970er-Jahren radikale Wege. Es wurde bis an die Grenze der menschlichen Belastbarkeit gegangen, bis zur Verletzung des Künstlers. Blut floss in Strömen. Noch heute werden Ausstellungen über die **Wiener Aktionisten** oft mit einer Altersbeschränkung gezeigt.

Kunst ist das, was im Kopf stattfindet! Die Vertreter der **Konzeptkunst** betonen die Bedeutung der künstlerischen Idee. Das Kunstwerk, das entsteht, zeigt keine besondere Kunstfertigkeit mehr. Manchmal wird das Kunstwerk sogar von Handwerkern oder von den Museumsbesuchern ausgeführt.

Ideen ...

… braucht einen erweiterten Kunstbegriff

Die **Land Art** nutzt ganze Landschaften als Ausgangsmaterial ihrer Arbeit. Berühmt ist das Künstlerpaar Christo und Jeanne Claude, die Landschaften mit Stoffbahnen gestalteten oder ganze Gebäude verpackten. Hinter dem Ästhetischen muss dabei immer das Politische dieser Kunst gesehen werden.

Die Beziehung des Menschen zu seiner Umwelt und zu seiner Biografie: Die **Spurensicherer** sammeln scheinbar Zufälliges und stellen es so aus, dass der Betrachter in eine ganze Welt eintauchen kann. Er wird vom Betrachter zum Beteiligten.

Wir leben im Informationszeitalter. **Mediale Kunst** beschäftigt sich damit, wie Medien unser Leben beeinflussen. Entlang der technischen Entwicklung war zunächst der Fernseher bevorzugtes Objekt, später kamen der Computer und das Internet dazu.

… für eigene Längsschnitte

Zum Abschluss: Ein Überblick …

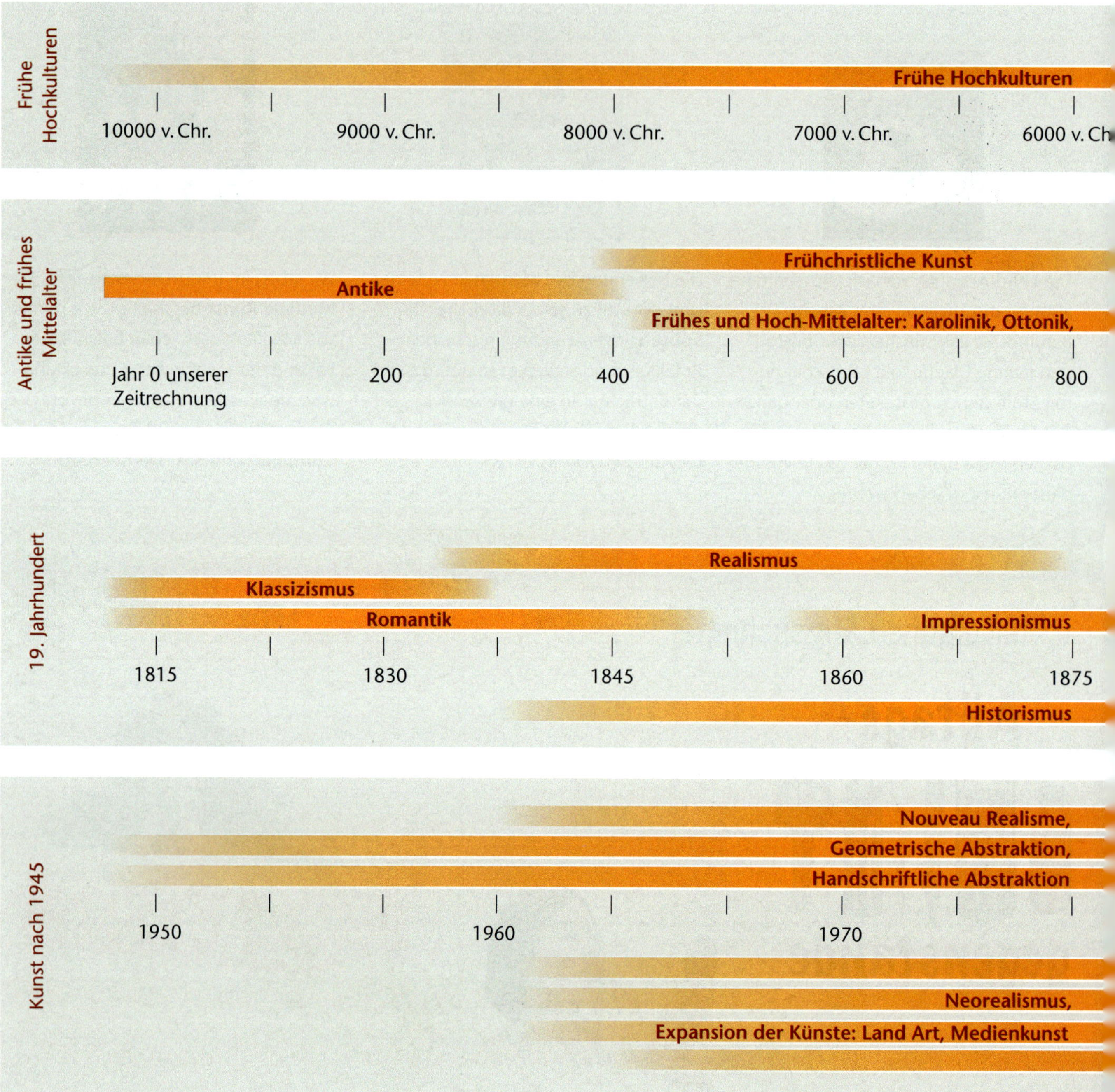

… über die Geschichte der Kunst

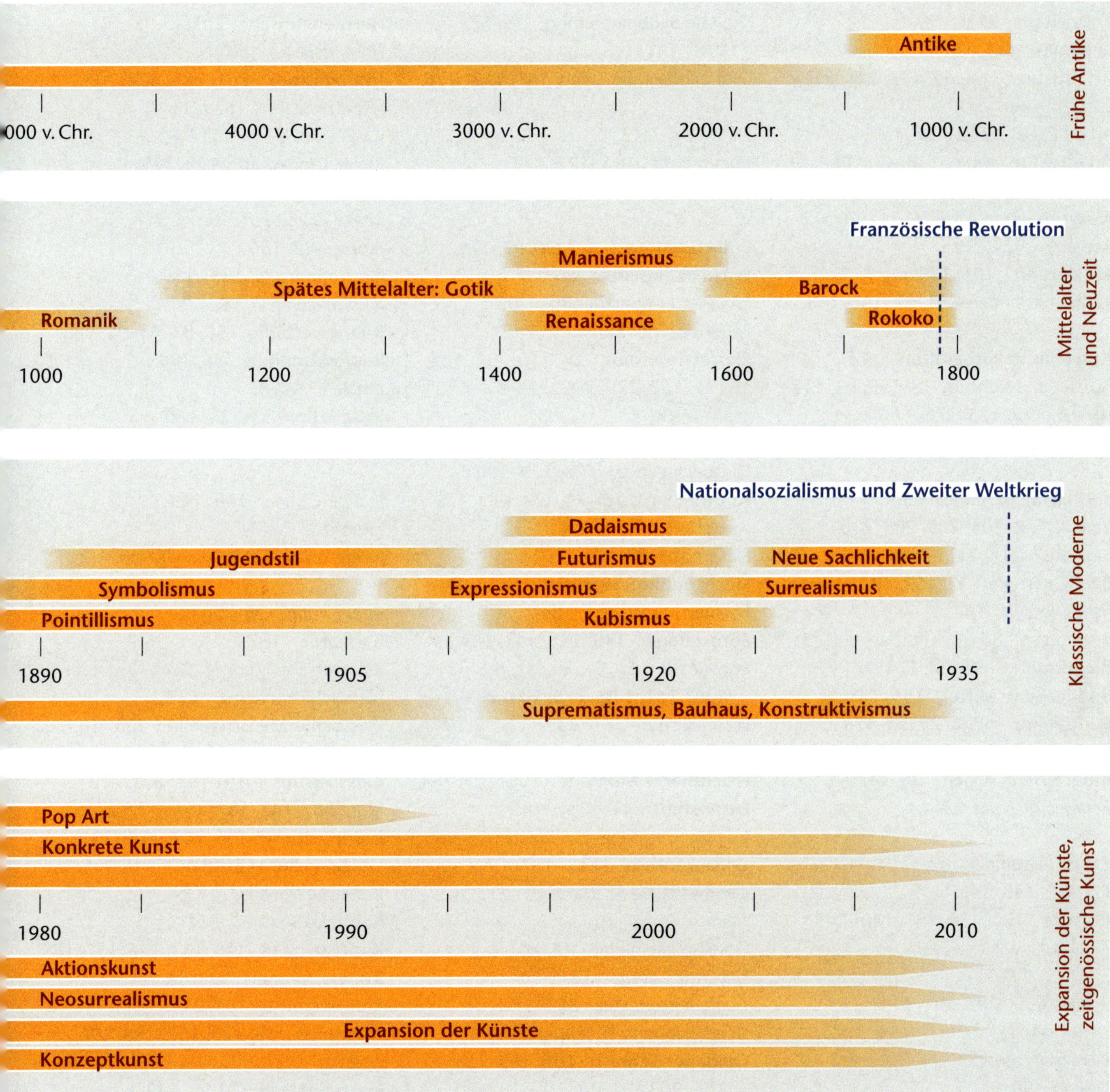

Register

Die fett gedruckten Begriffe finden sich im Kapitel „Nachgeschlagen", die fett gedruckten Seitenzahlen verweisen auf Seiten, die das entsprechende Thema ausführlich behandeln. Künstler, die vorgestellt werden, werden kursiv dargestellt.

Künstlerverzeichnis

Bildquellen

© 21st Century Publishing USA: 4 u., 49 - © AISA: 18 o.r., 200 - © akg-images: 15, 43 o.r., 55 - akg-images/© VG Bild-Kunst, Bonn: 211 u.l. - Foto: Holger Albrich: 74 o.l. - © Alimdi.net/BAO: 44 o. - Allen Memorial Art Museum, Oberlin College, Ohio: 27, 209 o.m. - © all-five.de: 211 o.m. - © ARCHITEKTUR - BILDERSERVICE KANDULA: 108 - Archiv für Kunst und Geschichte, Berlin: 36, 72, 107, 209 o.l., 210 o.r., 211 o.l. - © Banco de México Diego Rivera Frida Kahlo Museums Trust/VG Bild-Kunst, Bonn 2011: 26, 30 o. - Bayerische Staatsgemäldesammlung, Alte Pinakothek, München: 22 r., 30 u.r., 198 r., 208 o.m. - Raffaello Bencini, Florenz: 103 l., 203 - © Bildagentur Huber: 114, 128 r. - © www.BilderBox.com: 126 r. - © blickwinkel/McPHOTO: 209 u.r. - © Blume Bild/Kirsch: 21 m. - © Liu Bolin: 169 - © Stefan Boness/VISUM: 74 o.r. - © bpk: 96, 97 - © Gudrun Bramsiepe: 111 u. - © bridgemanart.com: 58, 82 o.r., 89 r., 117 u., 206 l., 207 l., 209 o.r., 209 u.m., 210 u.m. - © Isabelle Bülthoff, Max-Planck-Institut für biologische Kybernetik, Tübingen: 51 u. - © Calder Foundation, New York/VG Bild-Kunst, Bonn 2011/Foto: © Fnoxx. de/Arnulf Hettrich: 82 l. - © Caro Fotoagentur/Klaus Westermann: 11 r. - © Christian Schad Stiftung Aschaffenburg/VG Bild-Kunst, Bonn 2011/Foto: The Art Archive: 211 u.m. - © Cinetext: 89 l. - Courtauld Institute Galleries, London: 14 - © Courtesy: Monika Sprüth/Philomene Magers/VG Bild-Kunst, Bonn 2011: 138 - © DAVIDS/Kugler: 168 l. - © documenta Archiv: 115 (alle) - dpa: 75 - © Jochen Eckel: 10 u.l. - © ecopix Fotoagentur/Bodo Schulz: 45 u. - EMB-Archiv, Luzern: 22 l., 198 l. - Antje Eske (2010): Konversationsspiele www und vis-á-vis. edition kuecocokue, Hamburg und BoD, Norderstedt: 136, 137 o. - © Estate of Robert Rauschenberg/VG Bild-Kunst, Bonn 2011: 112 - Folkwang Museum, Essen: 87 u., 133, 212 o.l. - © Fotex/Rainer Drechsler: 44 u. - © Fstop/F1online Bildagentur RM: 10 o.l. - © Germanisches Nationalmuseum, Nürnberg, Leihgeber: Nürnberger Akademie für Absatzwirtschaft: 90 - Franz Gertsch, Fotograf: Michael von Graffenried: 61 - Giraudon, Paris: 42 o. - Graphische Sammlung der Universitätsbibliothek Erlangen: 23 - © Heiner Heine, Burgkirchen: 141 o. - IKEA Deutschland GmbH: 46 - © Imagery Majestic-Fotolia.com: 47, 83 - © Rainer Jahns: 126 l. - © Jahreszeiten Verlag/Kumicak + Namslau: 21 r. - © Kelly Han: 208 u.r. - © David Klammer/laif: 64 (alle) - Kunsthalle Kiel, Foto-Renard: 134 o., 135 - Kunsthistorisches Museum, Gemäldegalerie, Wien: 17, 210 u.l. - Kunstverlag Maria Laach: 201 o. - © Wolfgang Laib: 145 (alle) - © Nikolaus Lang: 21 u. - © Lee/Leemage: 157 - © Hartwig Lohmeyer/JOKER: 69 r. - © Louise Bourgeois Trust/VG Bild-Kunst, Bonn 2011: 25, 30 u.l. - © Mario Markus/ Foto: Andreas Ehrhard: 18 u. - © Fred W. McDarrah/Getty Images: 24 - © Stefan Metze: 78 - Musée d'Art et d'Histoire, Genf: 142 - Musée Condé, Chantilly: 93 l. - Musée du Louvre, Paris: 34, 42 u.r., 87 o.l., 168 r., 206 m., 212 u.l. - Musée Marmottan, Paris: 175 u. - Musée d'Orsay, Paris: 88 r., 95, 106 - Museo Archeologico Nazionale, Neapel: 100, 102 - Museo del Prado, Madrid: 33 o. - Museo Nacional del Prado, Madrid: 13, 204 - Nationalgalerie Berlin: 209 u.l. - Aus: Meisterwerke der Kunst, Heft 28, Villingen Schwenningen, Neckar Verlag, Privatbesitz: 62 - Niedersächsisches Landesmuseum, Hannover: 128 l., 129, 210 o.m. - © OKAPIA: 18 o.l. - Anna Oppermann, Künstler sein (Zeichnen nach der Natur, zum Beispiel Lindenblütenblätter), Detail, 1969 – 1985, Installationsansicht Dokumenta 6, 1977 © Nachlass Anna Oppermann, Galerie Barbara Thumm: 20 o., 215 o.m. - Anna Oppermann, Künstler sein (Zeichnen nach der Natur, zum Beispiel Lindenblütenblätter), 1969 – 1985, Interpretation: Ute Vorkoeper, Assistenz: Anna Schäffler, 2010. Installationsansicht: Galerie Barbara Thumm, 2010, Foto: Lepkowski Studios, Berlin. © Nachlass Anna Oppermann, Galerie Barbara Thumm: 20 u., 31 u. - Österreichische Nationalbibliothek Wien: 42 u.l. - © picture-alliance: 80 l. - © picture-alliance/akg-images: 41, 86, 109 o., 134 u., 205 u., 208 o.r., 208 u.l. - © picture-alliance/ akg-images/Erich Lessing: 4 o., 9, 29, 203 u. - © picture-alliance/Bildagentur-online/PWI-McPhoto: 65 - © picture-alliance/dpa: 152 - © picture-alliance/Mary Evans Picture Library: 50 o.l. - © picture-alliance/Presse-Bild-Poss: 144 - © picture-alliance/David Reed/Impact Photos: 212 u.r. - © picture-alliance/ZB: 127 u. - Foto: Dirk Pauweis: 79 u. - © Pechstein Hamburg/Tökendorf: 117 o., 212 o.r. - Prado, Madrid: 93 r. - Puschkinmuseum, Moskau: 87 o.r. - Reichsmuseum Vincent van Gogh, Amsterdam: 88 l. - Eva Heller, „Wie Farben wirken. Farbpsychologie. Farbsymbolik. Kreative Farbgestaltung" Copyright © 1989 by Rowohlt Verlag GmbH, Reinbek bei Hamburg: 71 - Saatchi & Saatchi Simko, Fotografie: Nick Welsh/Laurent Bordoiseau: 74 u.r. - © Saba Laudanna: 214 m. - © Salvador Dalí, Fundació Gala-Salvador Dalí/VG Bild-Kunst, Bonn 2011: 5 o., 28, 31 o., 85, 212 o.m. - © Anna Schneider/imagetrust: 19 o. (Bildbearbeitung Schöningh Verlag) - Schwarzwaldmilch GmbH, Freiburg: 127 o. - © snfotos-Fotolia.com: 205 o. - DER SPIEGEL Nr. 19/1995: 132 r. - Aus: Thomas Kellein: Walter de Maria, Staatsgalerie Stuttgart, Stab und Mayer, Tafel 20, S. 83: 81 - Städel Museum: 92, 210 o.l. - © STADTLANDFLUSS: 11 l. - © Wolfgang Steche/VISUM: 111 o. - Aus: Catherine Balet: Identity. Dress codes in European schools 2004-2006, Steidel Verlag, S. 79: 91 - sticky jam GmbH, Hamburg, www.stickyjam.de, info@stickyjam.de: 33 u.r. - © Succession Picasso/VG Bild-Kunst, Bonn 2011: 118, 119 (alle), 120, 159, 161, 164, 210 u.r. - Tate Gallery, London: 73, 211 o.r. - Tate Modern, London, Foto Friedrich Rosenstiel: 171, 215 o.r. - Telekom Deutschland GmbH: 76 - TETSCHE/stern: 32 r. - © The Art Archive/Gianni Dagli Orti: 203 o. - © The J. Paul Getty Museum, Los Angeles/© David Hockney: 140 - Thorvaldsen Museum, Kopenhagen: 103 r. - © Thomas Trutschel/photothek.net: 45 o. - Tschechisches Museum der Künste Prag, Foto Friedrich Rosenstiel: 170, 207 m. - Universitätsbibliothek Heidelberg: 201 u., 208 o.l. - Foto: Matt Uyttendaele: 141 u. - Verlagsarchiv Schöningh/Achim Algner: 84 (alle), 109 u. - Verlagsarchiv Schöningh/Martin Binder: 50 (4 Bilder), 51 r.o.+u., 52 o.l.+r., 56 (alle), 57 (alle), 59 (alle), 66, 172, 173 (alle), 174 (alle), 175 o., 182 (alle), 183 (alle) - Verlagsarchiv Schöningh/Britta Paßmann: 12, 16, 39 u. - Verlagsarchiv Schöningh/Susanne Philippi: 122f. - Verlagsarchiv Schöningh/Henning Prox: 143 - © VG Bild-Kunst, Bonn 2011: 6, 19 u., 32 l., 33 l., 43 l.+r., 60 r., 63, 79 o., 80 r., 82 u.r., 98, 99, 104, 105, 121, 130/131 (alle), 137 u., 146 (alle), 147 (alle), 151, 165, 206 r., 211 u.r., 213 o.m., 213 o.r., 213 u.l., 213 u.r., 214 o.r. - © VG Bild-Kunst, Bonn 2011/Montage: Hans Döring: 67 - © VG Bild-Kunst, Bonn 2011/Foto: © U. Edelmann - Städel Museum - ARTOTHEK: 54 - © VG Bild-Kunst, Bonn 2011/Foto: Alfred Kerger: 68, 107 r. - © VG Bild-Kunst, Bonn/Emil Schumacher: 51 l., 213 u.m. - © VG Bild-Kunst, Bonn 2011/Foto: Walter Vogel: 113 - © VG Bild-Kunst, Bonn 2011/© Thomas Wrede, courtesy WAGNER + PARTNER, Berlin: 5 u., 125 - Christo. Surrounded Islands (Project for Biscayne Bay, Greater Miami, Florida) Drawing 1981 in two parts © 1981 Christo. Foto: © Volz/laif: 148 - Christo and Jeanne-Claude. Surrounded Islands, Biscayne Bay, Greater Miami, Florida, 1980-83. Foto: © Volz/laif: 149, 215 o.l. - Aus: 113 dada Gedichte, hrsg. von Karl Riha, Wagenbach Verlag, Berlin 1982, S. 35: 214 o.l. - © Wolfgang Maria Weber/TV-yesterday: 21 l., 2.v.r. - Wilhelm Lehmbruck Museum, Duisburg: 40 - Wilhelm Hack Museum, Ludwigshafen: 212 u.m. - © Thomas Willemsen: 21 2.v.l. - © Zoonar.com/Martina I. Meyer: 10 o.r. - © Zoonar.com/Morazzone: 60 l. - weitere: Verlagsarchiv Schöningh

Textquellen

S. 8 Christian Boltanski aus: Doris Drateln: Der Clown als schlechter Prediger. Gespräch mit C.B.; in: C.B. Inventar; Katalog Hamburger Kunsthalle, hg. von Uwe M. Schneede, Hamburg 1991, S. 57, übersetzt von Birgit Jablonski, zitiert nach: Angeli Janhsen: Kunst sehen ist sich selbst sehen. Christian Boltanski; Bill Viola, Reimer, Berlin/Bonn 2005, S. 8 - **S. 11** Hugo Salus: Das Spiegelbild aus: Ders.: Glockenklang, Albert Langen Verlag, München 1911 - **S. 24 r.o+r.u., S. 25** Louise Bourgeois aus: Destruction of the father – Reconstruction of the father. Schriften und Interviews 1923-2000, AMMANN Verlag und Co, Zürich 2001, S. 3, 82, 73 übersetzt von Bettina Schäfer und Inge Presser - **S. 24 l.** Louise Bourgeois aus: DIE ZEIT, Nr. 38/2002, Artikel von Claudia Riedel - **S. 26 o.** Frida Kahlo aus: Antonio Rodríguez: Una pintora extraordinaria, in: Así. México, D.F., 17. März 1945, zitiert nach Andrea Kettenmann: Frida Kahlo: 1907-1954. Leid und Leidenschaft, Taschen Verlag, Köln 2007, S. 18 - **S. 26 u.** Frida Kahlo aus: Rosario Camargo E.: Dos Cartas Frente al Espejo, in: Méxiko desconocido, México, D.F. Nr. 98, März 1985, S. 47, zitiert nach Andrea Kettenmann: Frida Kahlo: 1907-1954. Leid und Leidenschaft, Taschen Verlag, Köln 2007, S. 68 - **S. 27 o.** Ernst Ludwig Kirchner aus: Kammerlohr: Kunst im Überblick. Stile – Künstler – Werke, Oldenbourg Verlag, München 2004, S. 354 - **S. 27 u.** Ernst Ludwig Kirchner zitiert nach: Walter Hess: Dokumente zum Verständnis der modernen Malerei, Rowohlt Verlag, Reinbek bei Hamburg 1984, S. 47 - **S. 33** Hans-Peter Feldmann in einem Interview mit Belinda Grace Gardner vom 1. Februar 2006, veröffentlicht in: artnet.de, www.artnet.de/magazine/kuenstlerprofil-hanspeter-feldmann/ - **S. 35** Marseillaise aus: http://de.wikipedia.org/wiki/Marseillaise - **S. 37** Joseph von Eichendorff: Sehnsucht aus: Neue Gesamtausgabe der Werke und Schriften, Band 1, hrsg. von Gerhard Baumann, Cotta Verlag, Stuttgart 1978 - **S. 46** Petra Hesse: Zu Hause aus: Ikea Katalog 2011, S. 4 - **S. 47** Die grüne Hölle aus: Der Spiegel, Heft 12, 2011, Artikel von Markus Feldenkirchen - **S. 61** „Fast ein Jahr lang ..." aus: Petra Bosetti: Groß, lebendig und genau, in: art. Das Kunstmagazin, Heft 5/1997, S. 103, © Gruner und Jahr - **S. 62** ZEBRA – Manifest No. 1 aus: http://www.kunsthaus-luebeck.de/sites/nagel/manifest.htm, © Luciferverlag - **S. 64** Karin Steinerger: Mach dir dein Bild aus: Süddeutsche Zeitung vom 18.2.2010, S. 3 - **S. 66** Schlagzeilen aus: http://www.gruene-liste-pforzheim.de/index.php?id=144, Axel Baumbusch, Hrsg.: Grüne Liste Pforzheim – Gemeindefraktion - **S. 67 o.** „Selbst der Graffiti-Schutz ..." Text zu einem Filmbeitrag: „Holocaust-Denkmal: Alltag des Erinnerns", 60 min., SWR, 2006, Regie: Franck Hertweck (aus: www.utoledo.edu) - **S. 67 u.** Rudolf Herz aus: Rudolf Herz, Reinhard Matz, Kunstforum international, Bd. 169, Ruppichteroth 2004, S. 170 - **S. 75** Ingeborg Bachmann: Reklame aus: Ingeborg Bachmann: Anrufung des großen Bären, Piper Verlag, München 1956 - **S. 94** Albert Wolff aus: Figaro 3.4.1875, zitiert nach Laurin Luchner: Was sagt uns die Kunst? Herder Verlag, Freiburg 1962, S. 108 - **S. 97** Aus der Eröffnungsrede von Adolf Hitler zur Eröffnung der „Großen Kunstausstellung" 1937 aus: Klaus Peter Schuster: Nationalsozialismus und „Entartete Kunst", Prestel Verlag, München 1987, S. 252 - **S. 98 o.** Adolf Hitler aus: H. Rauschning: Gespräche mit Hitler, Europa Verlag, Zürich 1940, S. 237 - **S. 98 u.** Arno Breker aus einem Interview mit Andre Müller 1979 aus: http://www.a-e-m-gmbh.com/andremuller/interview%20mit%20arno%20breker.html - **S. 100** Johann Wolfgang Goethe: Das Göttliche aus: Werke. Hamburger Ausgabe, Band 1, Wegner Verlag, Hamburg [15]1993, S. 147f. - **S. 109** Bericht der Akademie in München aus: Kunsturteile des 19. Jahrhunderts, hrsg. von Heidi Caroline Ebertshäuser, Bruckmann Verlag, München 1983, S. 17 - **S. 110** Futuristisches Manifest aus: Umbro Apollonio: Der Futurismus, Manifeste und Dokumente einer künstlerischen Revolution 1909 - 1918. Dumont Verlag, Köln 1972, übersetzt von Helly Hohenemser und Christa Baumgarth - **S. 111** Ai Weiwei aus: art. Das Kunstmagazin, Heft 8/2007, S. 49, © Gruner und Jahr - **S. 118 o.** Pablo Picasso aus: Picasso ohne abzusetzen, Claassen Verlag, Hildesheim 1977, S. 34, übersetzt von Thomas Heyden, © Ullstein Buch - **S. 118 u.** Pablo Picasso aus: Gespräche mit Picasso, Rowohlt Verlag, Reinbek bei Hamburg 1966, S. 79f., übersetzt von Edmond Lutrand - **S. 120** Pablo Picasso aus: Pablo Picasso, Paul Celan: Wort und Bekenntnis, Ullstein Verlag, München 1954, S. 26 - **S. 122f.** Brock als Kellner im Lokal d6 aus: Bazon Jürgen Brock: Besucherschule zur documenta 7. Die Hässlichkeit des Schönen, Paul Dierichs Verlag, Kassel 1982, S. 107 - **S. 130f.** Bilderklärungen zum Plakatentwurf von Klaus Staeck aus: Klaus Staeck: Schöne Aussichten. Eine Retrospektive, hrsg. von Jörn Merkert, Steidl 2009, S. 184f. - **S. 133** Ludwig Tieck aus: Franz Sternbalds Wanderungen. Eine altdeutsche Geschichte, hrsg. von Ludwig Tieck. Erster Teil, Reclam Verlag, Stuttgart 1966 - **S. 135** Alfred Lichtenstein: In den Abend aus: Menschheitsdämmerung. Ein Dokument des Expressionismus, hrsg. von Kurt Pinthus, Rowohlt Verlag, Reinbek bei Hamburg 1959, S. 170 - **S. 169 o.** Liu Bolin aus: Ich bin dann mal weg, Süddeutsche Zeitung Magazin vom 13.12.2010, Artikel von Thomas Bärnthaler, http://sz-magazin.sueddeutsche.de/texte/anzeigen/35134 - **S. 169 u.** Interview von Henrik Bork mit Ai Weiwei aus: Süddeutsche Zeitung vom 4.4.2011, http://www.sueddeutsche.de/kultur/ai-weiwei-im-gespraech-wir-leben-im-zeitalter-der-verruecktheit-1.1081139 - **S. 170** Gerhard Richter aus: http://www.gerhard-richter.com/quotes/techniken-5, Gerhard Richter: Text 1961-2007. Schriften, Interviews, Briefe, Verlag der Buchhandlung Walther König, Köln 2008, S. 33 und 59 - **S. 171** Ausstellungsbesprechung aus: DIE ZEIT Nr. 6 vom 3.2.2011, Artikel von Hanno Rauterberg - **S. 172** Gerhard Richter aus: http://www.gerhard-richter.com/quotes/medien-3/fotografie-16, Gerhard Richter: Text 1961-2007. Schriften, Interviews, Briefe, Verlag der Buchhandlung Walther König, Köln 2008, S. 59